2026
세계 경제
시나리오

2026 세계 경제 시나리오

지은이 최윤식
펴낸이 임상진
펴낸곳 (주)넥서스

초판 1쇄 발행 2025년 11월 25일
초판 2쇄 발행 2025년 11월 30일

출판신고 1992년 4월 3일 제311-2002-2호
주소 10880 경기도 파주시 지목로 5 (신촌동)
전화 (02)330-5500 팩스 (02)330-5555
ISBN 979-11-24028-10-0   03320

www.nexusbook.com

2026 세계 경제 시나리오

THE GLOBAL
ECONOMIC
SCENARIO

AI 버블 붕괴와 투자 전략의 대전환

최윤식 지음

넥서스BIZ

2026년, 경제의 폭풍 전야
이제 포지션을 바꿀 시간이다

상상해 보자. 2026년 어느 날 아침, 눈을 뜨자마자 핸드폰 알림이 울린다. 뉴욕 증시가 하룻밤 사이 30% 폭락했다는 소식이다. 뉴욕 맨해튼 거리는 실업자들로 북적이고, 중국의 공장들은 문을 닫아 수출선이 마비된다. 프랑스 정부는 'IMF 구제금융 신청'을 발표하며 유럽 전체를 뒤흔든다. 이게 SF 영화의 한 장면처럼 들리는가? 아니다, 이건 이미 다가오는 현실의 그림자일 수 있다.

IMF의 최신 전망(2025년 10월)에 따르면, 2026년 글로벌 성장률은 3.1%로 안정적이지만, 2024년 3.3%, 2025년 3.2%에서 조금씩 둔화되는 추세다. 유럽 경제의 심장인 독일은 0.9%, 정부 재정을 쏟아붓는 프랑스도 0.9%, 이탈리아는 0.8% 성장률이 예상된다. 3년 넘게 전쟁을 하고, 미국의 강력한 경제봉쇄를 받는 러시아가 1.0% 성장률을 기록하는데 말이다. 아시아의 거대한 경제대국이며 최근 성장이 들썩거린다고 했던 일본은 겨우 0.6% 성장률을 예측한다. 신흥국 성장의 대표 주자인 중국도 5% 성장률이 무너지며 4.2%로 주저앉는다.[1] 하지만 이런 전망 수치도 세계 경제의 붕괴가 일어나지 않는다는 전제하에서만 유효하다. 만약 2026년에 미국이 경기침체에 빠지고 주식시장과 가상화폐 시장이 무너지면, 앞서 열거했던 국가들의 경제성장률은 거의 마이너스로 곤두박질칠 수 있다. 이런 '만약'이 현실이 되면 당신의 자산도 큰 타격을 받는다.

경제는 숫자가 아니라 사람들의 일상이다. 2025년 미국 주식시장은 닷컴 버블을 연상시키는 과열 양상을 보이고 있지만, 트럼프 행정부의 관세 정책이 다시 불붙으며 글로벌 공급망을 위협하고 있고, 미국 소비자들은 오랫동안 높은 수준을 유지하는 금리 압박에 지쳐가고 있다. 트럼프가 관세 도입을 발표했을 때 세계 경제는 일제히 혼란에 빠졌다. IMF는 관세가 불확실성과 성장 둔화로 이어질 것이라고 예측했다. 실제로 2025년 10월 IMF가 발표한 2026년 전 세계 경제성장률 3.1%는 트럼프의 조치가 발표되기 전인 1월에 예상했던 3.3%보다 낮은 수치다. 관세는 미국의 주요 무역 파트너들의 경제에 특히 큰 타격을 입혔다. 최근 뉴스에 따르면, 미국 정부의 관세 수입이 2025년 6월에 280억 달러로 2024년의 세 배를 기록했다. 미국 정부는 돈을 벌었지만, 미국 수입업자들은 '그만큼'을 손해 본 셈이다. 전문가들은 미국 기업들이 2026년에는 소비자가격을 인상하여 자신들이 떠안은 관세 부담을 나누려고 할 것이라고 예측한다. 그럴 경우, 미국 가구당 평균 1,300달러의 세금 부담 증가를 초래할 전망이다.[2]

　세계 경제는 연결된 도미노다. 한 조각이 넘어지면 모두가 흔들린다. 미국이 비틀거리면 중국에서는 공장이 문을 닫는 식이다. 당연히 한국에서도 연쇄작용이 발생한다. IMF는 한국의 경제성장률이 2025년 0.9%에서 겨우 반등하여 2026년에는 1.8%가 될 것으로 전망했다. 하지만 이 숫자는 '안정'이 아니라 '위태로운 균형'으로 바라보아야 할 것이다. 왜냐하면 도미노의 첫 번째 조각 – 미국의 AI 버블, 주식 과열, 경기침체 신호, 중국과 유럽의 국가 부채 폭발 등 – 이 이미 기울어져 있기 때문이다.

　이 책에서 다룰 주제는 바로 그 '기울어진 조각'들이다. 도미노의 첫 번째 조각이 넘어지면, 당신이 아침 커피를 마시며 주식 앱을 열었을 때, 화면이 온통 파란색으로 물든 것을 보게 될 것이다. "이게 무슨 일이야? 어제까지 괜찮았는데!" "AI 주식이 폭락했대요. 오픈AI가 자금 고갈로 위기래요." "뉴스 봤어? 프랑스가 정부 부채 때문에 IMF에 손 내밀 거래." 이런 얘기가 들리며, 평화롭던 주변은 순식간에 난장판이 된다. 이런 장면, 어째 조금 익숙하지 않은가? 바로 2000년 9월, 닷컴 버블 붕괴의 신호탄이 터졌을 때의 모습과 같다.

수많은 경제학자들이 "2026년은 안정적이다."라고 말할 때마다 필자는 웃음이 나온다. 그들의 직업상 나쁜 소식을 대놓고 말할 수 없는 입장이라는 것을 알기 때문이다. 하지만 우리는 달라야 한다. 만약에라도 발생할 수 있는 재앙을 직시해야 한다. 2025년 트럼프의 관세 정책이 글로벌 무역을 뒤흔든 것처럼, 2026년에는 더 큰 폭풍이 올 수 있다. 위기는 기회지만 무시하면 파멸이다. 이 서론이 끝날 무렵, 당신이 '그래, 나도 대비해야겠어.'라고 느꼈으면 한다.

2024년에 필자는 현재 벌어지고 있는 상황을 1994년 모델(기준금리 인하기에 경기침체가 발생하지 않음), 2008년 모델(기준금리 인하기에 경기침체와 주식시장 폭락이 발생함)을 가지고 예측한 바 있다. 그때 필자는 2025년 여름이 지나면 2개의 모델 중에서 어느 쪽으로든 정해질 것이라고 생각했다. 그런데 뜻밖에도 2025년 여름이 지난 지금도, 2개의 모델 중에서 어느 쪽이 될지는 여전히 오리무중이다. (그나마 희미하게 드러난 것은 하나 있다. 2024년 당시에는 2가지 모델 중에서 2008년 모델로 귀결될 가능성이 80%이고, 1994년 모델이 재현될 가능성은 20%였다. 하지만 지금은 1994년 모델이 재현될 가능성이 훨씬 더 높아졌다.) 아직까지도 어떤 모델로 결정이 될지 불확실한 이유는, 우리 주위를 맴도는 4가지 망령이 만들어낸 지연delay 현상 때문이다. 그 4가지 망령은 트럼프와 파월의 '갈등', 그 갈등으로 인한 실물경제 및 투자시장의 '왜곡', 이런 왜곡으로 발생하는 호황-불황 패턴과 사이클의 '연기', 그리고 앞의 3가지로 인해 발생하는 투자시장의 '혼란'이라는 망령들이다.

이 4가지 망령들은 주식시장의 조정과 경기침체를 단순히 지연시키는 것이 아니라, 더 나아가 '복합 위기polycrisis' 상황을 만들어낼 수 있다. 필자가 염려하는 복합 위기의 모습은 AI 추가 버블, 국가 부채, 지정학적 갈등, 안일한 시장 심리 등 개별적인 위기들이 서로 영향을 주며 동시에 발생하는 상황이다. 그리고 이런 복합 위기를 만드는 폭풍들이 지구촌 곳곳의 약한 고리들을 흔들어댈 것이다. 국가 단위에서는 프랑스, 영국, 중국을 흔들고, 계층 단위에서는 서민층과 중산층을 흔들 것이다. 한국 경제의 취약한 고리도 강타할 것이다. 대외적으로는 환율, 대내적으로는 서민과 중산층의 경제, 그리고 끝내는 마지막 보루인 자산시장도 강타할 것이다. 필자는 이 책을 통해 2026년에 서로 다른 성격의 폭풍들이 초래할 복합 위기를 예측해 보려고 한다.

첫 번째 폭풍은 가장 화려한 곳에서 시작된다. 제1장에서는 실리콘밸리가 만들어낸 'AI 버블, 그 거대한 착각의 종말'을 파헤친다. 우리는 내실 없는 AI 기업들의 현실을 직시하며, 이 거품이 100년 전의 폰지 사기와 어떻게 닮아있는지를 보게 될 것이다. 모두가 찬양하는 엔비디아의 딜레마 속에서, 환멸의 골짜기로 추락하는 기술 시장이 어떻게 글로벌 경제의 첫 번째 균열을 만들어내는지 그 전조를 추적한다.

두 번째 폭풍은 가장 오래되고 근본적인 문제에서 비롯된다. 제2장에서는 '유럽과 중국의 부채 쓰나미'라는 거대한 회색 코뿔소the grey rhino가 어떻게 우리를 향해 달려오고 있는지를 보여준다. 프랑스에서 시작될 수도 있는 제2의 금융위기, 그리고 부동산·지방정부·성장 동력이라는 '세 가지 덫'에 걸려 가라앉는 중국 경제의 현실을 분석한다. 그리고 부채 쓰나미가 일으키는 '글로벌 수요 절벽'이 어떻게 AI 버블을 터뜨리는 최후의 방아쇠가 될지, 그 위험한 연계 고리를 확인할 것이다.

마지막 세 번째 폭풍은 우리의 마음속에서 자라난다. 위기는 언제나 '이번엔 다르다'라는 민음, 즉 '과도한 안일함complacency' 속에서 잉태된다. 제3장은 민스키Minsky의 렌즈를 통해, 시장 참여자들의 집단적 안도감이 어떻게 시스템 붕괴를 위한 마지막 조건을 완성하는지를 설명한다. 실물경기가 침체되는 중에도 정크 본드로 돈이 몰리고, 노동시장 지표가 왜곡된 신호를 보내는 지금이 바로 폭풍 직전임을 경고하며, 대침체를 넘어서는 복합 위기의 도래 앞에 '안티-컴플레이션시anti-complacency' 포지셔닝이 왜 유일한 해법인지를 설명한다.

이 세 개의 거대한 폭풍은 각기 다른 하늘에서 발생한 독립적인 기상 현상처럼 보일 수 있으나 그렇지 않다. 이들은 서로 연관되어 있으며, 만일 동시에 발생할 경우에는 상상 이상의 파괴력으로 증폭될 것이다. 글로벌 경제가 복합 위기를 맞는다면, 한국 경제 역시 벗어날 수 없을 것은 자명하다. 제4장에서는 복합 위기의 종착지가 될 한국에 대해 분석한다. 반도체 수출에 기댄 경제(AI 버블), 대중국 의존도가 절대적인 무역 구조(부채 쓰나미), 그리고 세계 1위의 가계부채(안일함의 폭탄)를 모두 가진 한국은 이 '삼중 노출triple exposure'을 피할 수 없는 운명적 화약고다. 제4장에서는 세 폭풍이 한국의 가장 약한 고리들을 어떤 순서로 끊어내고, '원화 – 수출 – 신용 – 부동산'의 연쇄 붕괴를 일으키는지 그 치명적인 '전이 지도'를 그려 보일 것이다.

마지막으로, 이 책의 목적은 막연한 공포를 조장하는 것이 아니다. 흔히 혼돈은 기회라고 하지만, 엄밀히 말하면 준비된 사람에게만 기회이다. 위기가 어떤 경로로, 누구에게, 어떤 순서로 닥쳐오는지를 냉정하게 분석하고, 개인과 기업, 그리고 국가가 각자의 위치에서 무엇을 해야 하는지에 대한 구체적인 행동 지침을 아는 사람에게는 기회다. 그래서 필자는 이런 마음을 가진 독자들이 '기회를 잡을 준비'를 하는 데 도움이 되었으면 하는 생각에서 이 책을 집필하였다.

이 책이 있기까지 도움을 준 분들이 많다. 먼저 넥서스 대표님과 편집팀에게 감사드린다. 사랑하는 부모님, 한결같이 곁을 지켜준 아내와 가족의 지원과 응원에 감사한다. 무엇보다도, 필자를 사랑하는 수많은 독자들에게 가장 큰 감사를 전한다. 필자를 사랑하고 격려하고 날카롭게 조언해 주는 독자들은 필자가 미래 연구를 계속해 나가는 가장 큰 힘이라는 것을 고백한다.

더 나은 미래를 위해

전문 미래학자 최윤식 박사

Contents

1 Part 첫 번째 폭풍 AI 버블, 그 거대한 착각의 종말

1. 거품을 경고하는 각종 지표들

2. 엔비디아로 보는 직접적 이상 신호들

3. AI 버블 붕괴가 불러올 현상

2 Part 두 번째 폭풍 유럽과 중국, 부채 쓰나미가 몰려온다

3 Part 세 번째 폭풍 과도한 안일함 뒤에 감춰진 경기침체의 그림자

1. 민스키 렌즈로 본 2026년

2. 경기침체를 가리키는 징후들

3. 세 개의 폭풍이 빚어낼 복합 위기 시나리오

4
Part

복합 위기의 종착지, 한국

1. 한국, 모든 폭풍이 수렴하는 화약고

2. 한국의 생존 시나리오

1
Part

첫 번째 폭풍

AI 버블,
그 거대한 착각의 종말

1
거품을 경고하는 각종 지표들

▨ AI 버블, 이미 터지고 있다

2025년 8월 18일, 오픈AI의 샘 올트먼Sam Altman 최고경영자가 기자 간담회에서 인공지능AI 산업에 거품이 끼었을 수 있다는 말을 했다. 그는 "투자자들이 AI에 과도하게 흥분해 있는 것은 사실"이라며 "AI 기업들의 가치가 이미 통제 불능 수준"이라고 지적했다. 샘 올트먼은 챗 GPTʼChatGPT 신화를 만들고 전 세계 AI 광풍을 일으킨 장본인이기에, 그의 한마디에 시장은 요동쳤다. 기술주 중심으로 투매가 일어났다. 나스닥은 1.46%, 엔비디아는 3.5% 하락했고, 미국 AI 방산업체인 팔란티어는 9% 넘게 급락했다.[3] 샘 올트먼은 자신이 한 말이 진위가 왜곡되었다면서 수습했고, 미국 주식시장은 하루 만에 제정신을 차렸다. 하지만 그 이후 AI 버블 붕괴 우려가 반복적으로 나타나고 있다.

만약 2026년에 온 세계를 뜨겁게 달구던 AI 산업에서 버블 붕괴가 발생한다면 세계 경제는 순식간에 곤두박질칠 수 있다. 주식시장의 붕괴, 대규모 실업, 실물경기 침체 등이 세계를 강타할 수 있다. 그러면 한국 경제도 동반 추락한다. 코스피가 붕괴하고, 원 달러 환율도 치솟게 된다. 따라서 AI 버블 붕괴 우려가 반복적으로 나타나고 있는 현상을 허투루 듣지 말고, 귀중한 '신호'로 생각해야 한다.

특히 최근에 나온, AI 기술 도입 및 투자에 대한 버블 우려를 담은 3가지 분석 보고서는 주목할 만하다. 모두 권위 있는 곳에서 나온 보고서다. 하나는 MIT 미디어 랩MIT Media Lab의 보고서이고, 또 하나는 피치북PitchBook의 보고서이고, 마지막은 가트너Gartner의 보고서다. 이런 보고서를 자세하게 읽어보면, "AI 버블이 이미 터지고 있는 것은 아닌가?"라는 두려움마저 든다.

▨ 95% 기업이 실망했다: MIT 미디어 랩 보고서

'AI를 도입한 기업의 95%가 실패했다.' 충격적 소식이다. AI에 투자된 수백억 달러가 '헛돈'으로 날아갔다는 말이다. 당신이 회사 임원으로, 거액을 AI 프로젝트에 쏟아부었다고 상상해 보라. '이게 우리 회사를 바꿔줄 거야!'라는 기대감에 부풀어 있었는데, 결과는 완전 참패한 것이다. MIT 미디어 랩의 NANDA 프로젝트가 발표한 〈2025년 비즈니스 분야 인공지능 현황 보고서State of AI in Business Report 2025〉는 바로 이런 악몽 같은 현실을 적나라하게 분석하고 보고했다.[4] 2025년 1월부터 6월까지 300건이 넘는 AI 도입 사례, 153명 임원, 52개 조직을 샅샅이 조사한 결과다. 이 보고서는 'AI 버블이 터지기 직전'을 경고하는 폭탄선언이다. 왜냐하면 기업들이 300억~400억 달러(약 42조~56조 원)를 퍼부었는데, 95%가 실패(수익성 제로)로 끝났으니까! 세부 사항을 들여다보면 더 충격적이다.

해당 보고서에서 독자들이 발견할 수 있는 첫 번째 충격은 '95% 실패 – 돈 날린 기업들의 비명'이다. 해당 보고서에서 가장 뼈아픈 숫자다. 기업들이 도입한 생성형 AIGenAI 투자 중 95%가 실패했다. 실패라고 평가한 이유도 분명하다. 수익률 향상이 제로zero return였다. 단 5%만 '의미 있는 매출 증가'를 이루었다. 게다가 그 5% 기업의 수익도 겨우 수백만 달러의 가치를 창출한 데 그쳤다. MIT 연구자들은 "투자와 P&L(손익) 영향 간 격차가 크다."라고 지적했다. 이건 수백억 달러 규모의 대형 참사다.

해당 보고서에서 다룬 두 번째 충격은 대다수 산업에서 '변화가 제

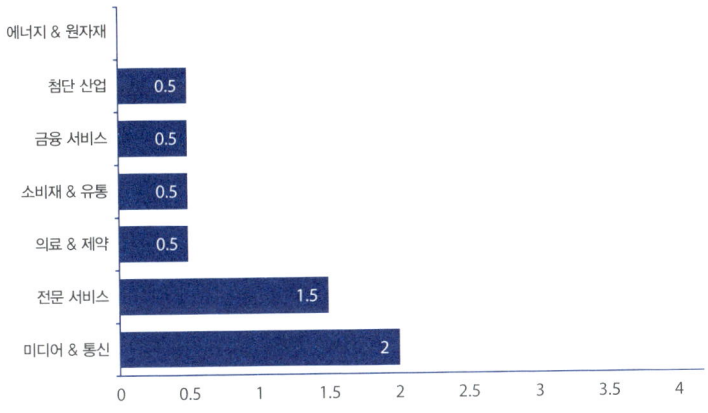

생성형 AI의 산업별 영향력 격차

출처: MIT Media Lab 〈State of AI in Business Report 2025〉, 'GenAI disruption varies sharply by industry' p.5

로'였다는 것이다. 보고서는 이런 결과를 두고, "AI, 과연 혁명인가?"라는 질문까지 던진다. 미국 기업 대부분이 생성형 AI를 도입하거나 실험 중인데, 9개 주요 산업 중 7개에서 구조적 변화가 전혀 없었다! 전문 서비스, 의료 & 제약, 소비재 & 유통, 금융 서비스, 첨단 산업, 에너지 & 원자재 분야에는 전혀 도움이 안 되었고, 기술 분야와 미디어 & 통신 분야에서만 소폭의 변화가 감지되었다.

보고서에 나오는 '생성형 AI의 산업별 영향력 격차' 그래프를 보자. 보고서는 생성형 AI의 실제 혁신 효과를 측정하기 위해 5가지 관찰 가능한 지표로 각 산업을 0~5점으로 평가했다. 5가지 관찰 가능한 지표는 다음과 같았다.

이상 5가지 지표를 가지고 각 산업을 0~5점으로 평가했을 때, 생성형 AI의 산업별 영향력 격차는 다음과 같았다.

1위(약 3.5점)는 기술technology 산업이다. 가장 높은 혁신 수준을 보였고, AI를 장착한 새롭고 강력한 도전자들이 등장하여 기존 업체와 경쟁하는 구도(예: Cursor vs Copilot)를 만들었다. 업무의 워크플로 workflow에서도 실질적 변화가 관찰되었다.

2위(약 2점)는 미디어 & 통신media & telecom 산업이다. 상당한 변화가 진행 중이었고, AI 기반 콘텐츠의 부상이 눈에 띄고, 광고 시장에서 역학의 변화가 일어났다. 하지만 기존 기업들도 여전히 성장 중이었다.

3위(약 1.5점)는 전문 서비스professional services 산업이다. 업무 효율성 향상은 있으나, 클라이언트 서비스 제공 방식은 대체로 변화가 없었다.

공동 4위(약 0.5점)는 4개 산업이었다. 의료 & 제약healthcare & pharma 산업은 문서 작업 자동화 파일럿 테스트에서만 AI가 사용되었고, 임상 모델은 변화가 전혀 없었다. 소비재 & 유통consumer & retail 산업에서는 고객 지원 업무 분야에서만 자동화가 이루어졌고, AI 활용이 기존 기업에 대한 충성도나 시장 리더 지위 변화에는 제한적 영향을 주었다. 금융 서비스financial services 산업에서는 백엔드 자동화만 적용되었고, 고객 관계에서는 AI가 큰 변화를 주지 못했다. 항공우주, 자동차 등 첨단 산업advanced industries에서는 유지보수 영역에서 파일럿 테스트 정도만 적용되었을 뿐이고, 주요 공급망 변화가 없었다.

최하위는 에너지 & 원자재energy & materials 산업 분야로 0점을 받았다. 거의 제로에 가까운 도입 성과였다. 최소한의 실험만 진행되었을 뿐이다.

보고서는 1~2위까지는 변혁이 일어나는 산업이고, 3위부터는 변혁이 제한적인 산업으로 구분했다. 결국, 보고서에서 분석한 9개 주요 산업 중 7개에는 구조적 변화가 없었다. 그동안의 막대한 투자에도 불구하고, 파일럿 활동은 활발했으나 혁신은 제한적이었고, 기술 산업과 미디어 & 통신 산업을 제외하면 대부분 실험 단계에 머물렀다.

설문에 응답한 기업 실무자들은 이메일 작성이나 요약 같은 단순 업무는 AI에 맡길 수 있다고 응답했지만, 복잡한 프로젝트, 협업, 클라이언트 관리 등 회사의 중요 업무는 단 10%만이 AI에 맡길 수 있다고 응답했다. 비유하자면 AI는 '똑똑한 메모장' 수준으로, 편지 쓰기엔 좋지만 경영엔 무용지물이라는 말이다. 이 충격적인 결론은 "AI가 세상을 바꾼다."라던 홍보가 거짓말처럼 느껴지게 한다. 지금 당장 의료나 제조업에서 AI 효과를 기대 중이라면, 크게 실망할 수 있다는 말이다. 보고서는 한 제조업체 최고운영책임자COO의 인터뷰를 예시로 지금의 AI 투자 상황을 이렇게 정리했다. "링크드인LinkedIn(구인·구직용 SNS) 과대광고는 모든 것이 바뀌었다고 하지만, 우리 운영에서는 근본적으로 바뀐 것이 없다. 계약서 처리가 좀 빨라졌을 뿐이다."

물론 AI가 세상을 바꾸는 것은 분명하다. AI 기술과 산업도 대세가 맞다. 따라서 MIT 미디어 랩의 보고서를 보고, AI가 별것 아니라거나 한때의 유행이라고 오해하면 안 된다. 보고서가 지적하는 것은 'AI 투자 버블'이다. 즉, 주식시장에서 일어나는 광기와 너무 앞서가는 기대치를 지적하는 것이다.

해당 보고서에서 다룬 세 번째 충격은 조사 대상 기업의 60%가 테스트도 안 하고 포기했다는 사실이다. AI 도입의 비참한 여정이다. 맞춤형 인공지능 서비스를 처음 구입했던 기업들 중 60%가 파일럿 운영 (테스트)조차 안 하고 이탈했고, 파일럿 운영을 해본 15%도 추가 포기했고, 5%의 기업만이 실무에 맞춤형 기업 AI를 도입하는 데 성공했다. 이유는 무엇이었을까? 업무 흐름과의 부조화, 기술적 한계(학습 부족, 과도한 복잡성, 예외 처리 미흡, 수동 입력 필요, 커스터마이징 어려움)

등이었다. 결국 MIT 미디어 랩의 보고서는 "현재 AI는 개인 생산성에 '약간 도움'이 되지만, 기업의 실제 수익엔 영향 없음"이라고 평가를 내렸다. 현재 적절한 용도는 보조 업무(음성 AI, 문서 자동화, 코드 생성)뿐이며, 핵심 업무에 적용하려면 기술이 더 발전해야 한다는 말이다. 시장의 기대가 엄청나서 투자금이 정신 못 차릴 만큼 쏟아지지만, AI를 활용해서 핵심 업무에서 폭발적인 생산성을 만들어내기에는 '더 많은 시간'과 '더 높은 기술적 수준'이 필요하다는 말이다.

이건 AI가 '캐즘chasm' 단계에 갇혔다는 말이다. 캐즘이란, 초기 시장에서 혁신가나 얼리 어답터들이 큰 관심을 보이지만, 실제 사용 경험에 따라 보편적으로 확산될지 아니면 이탈될지 결정되는 단계다. 즉, AI도 추가적 기술 혁신이 이루어지기 전끼지는 실망한 기업의 이탈이 폭중하는 상황이 시작되었다는 말이다. 수백억 달러 투자에도 결과가 없으니, 고객 이탈이 계속되면 AI 개발 회사의 매출이 폭락할 수 있다. 이건 AI 버블 붕괴 신호다! 2000년 닷컴 버블처럼, 과열 투자 후 '환멸의 골짜기'로 떨어질 수 있다.

░ 실리콘밸리가 감춘 위험한 도박: 피치북 보고서①

피치북은 시애틀에 본사를 둔 시장 조사 및 데이터 분석 회사다. 피치북의 보고서는 AI 버블 뒤에 숨겨진 민낯을 적나라하게 파헤쳤다. 챗GPT의 등장 이후로 전 세계를 강타한 AI 열풍, 연일 사상 최고치를 경신하는 주식시장만 보면, 마치 AI가 황금알을 낳는 거위처럼 보이지만 뒤에는 엄청난 함정이 있다. 실상은 투자의 상당 부분이 폰지 사기Ponzi scheme 형태로 만들어진 사상누각이라는 것이다.

어째서 AI 버블이 폰지 사기를 닮았다고 하는 걸까? 1919년, 보스턴에 사는 찰스 폰지Charles Ponzi 라는 사기꾼은 엄청난 수익을 올리는 사업을 한다며 투자자를 모았다. 처음에는 의심하던 사람들도 초기 투자자들이 정말로 큰 수익금을 받는 것을 보고 너도나도 투자를 했다. 하지만 폰지는 실제로는 사업을 해서 돈을 번 게 아니라, 그냥 나중에 들어온 돈으로 먼저 투자한 사람들에게 수익금을 주고 있었던 것이었다. 나중에 그 실체가 드러났을 때 대부분의 투자자들은 돈을 거의 돌려받지 못했고 피해 규모는 상상을 초월했다. 그 후 100년이 지났지만, 사람들의 '쉽게 돈 벌고 싶은' 욕심은 변하지 않았고, 비슷한 수법의 사기도 계속 반복되고 있다.

그렇다면 피치북의 연구진들이 파헤친, 화려한 AI 성공 스토리 뒤에 숨겨진 진실을 살펴보자. AI를 만들려면 그래픽처리장치^{GPU}라는 특별한 컴퓨터 부품이 필요하다. 이 부품은 한 개에 수천만 원에서 수억 원까지 할 정도로 매우 비싸다. 그런데 요즘 AI 회사들이 이상한 일을 하고 있다. 이런 식이다.

1 비싼 컴퓨터 부품을 사려고 은행에서 돈을 빌린다.

2 산 부품을 은행에 맡기고, 이걸 담보로 또 돈을 빌린다.

3 빌린 돈으로 또 부품을 사고, 그걸 담보로 또 돈을 빌린다.

마치 대출을 받아 집을 사고, 그 집을 담보로 또 대출을 받는 것과 같다. 이것이 바로 지금 AI 업계에서 일어나고 있는 일이다. GPU라는 'AI의 두뇌'를 사기 위해 기업들이 벌이고 있는 위험한 게임 말이다.

피치북이 조사해 보니, 이런 방식으로 초기 단계(프리시드, 시드, 시리즈 A) 벤처 기업에서 GPU 구매를 위해 빌린 돈이 무려 100억 달러, 우리 돈으로 13조 원이 넘었다. 더 놀라운 건, 벤처 대출의 97%가 AI 기업에 집중되어 있었다. 이는 마치 카지노에서 모든 사람이 같은 테이블에만 돈을 거는 것과 같다. 위험의 분산이 전혀 이뤄지지 않았다는 뜻이다. '100억 달러짜리 도미노 게임'인 셈이다.

더 충격적인 사실은 마이크로소프트, 아마존, 구글, 메타 같은 거대

기술 기업(빅테크)도 이런 위험한 놀이에 동참했다는 점이다. 이들은 직접 대출을 받는 대신, 스타트업들의 GPU 구매를 대신 해주거나 리스를 통해 제공하는 방식으로 우회했다. 결국 빅테크 기업들이 스타트업들의 대출을 대행해 주는 것과 유사한 구조다. 이건 마치 부모가 자녀의 빚보증을 서주면서, 동시에 자녀에게 더 많은 용돈을 주는 것과 같다. 심지어 빅테크 기업들 자신도 AI 칩 및 데이터 센터에 막대한 투자를 했는데, 그중 50%를 담보 채권과 조건부 대출로 조달했기 때문에 고정 비용이 상당히 많은 상태다.

'역사는 반복된다.'라는 말은 진리다. 피치북이 밝힌 실리콘밸리의 위험한 도박은 과거의 경제위기 때와 너무나 닮았다. 2002년 닷컴 버블, 2008년 서브프라임 모기지 사태의 데자뷔다. 2002년 인터넷 기업들이 실제 수익 없이 무분별한 투자와 대출로 성장하다가 한순간에 무너졌다. 2008년에는 주택을 담보로 한 과도한 대출이 주택 가격 하락과 함께 금융 시스템 전체를 마비시켰다. 그리고 2024~2005년에는 GPU를 담보로 한 과도한 대출이 AI 열풍과 함께 급증하고 있는 것이다. 피치북은 이런 행태가 단순한 과잉 투자가 아니라 폰지 사기 식의 투자이고, 이런 식의 투자는 'AI 칩 버블'을 발생시킬 가능성을 점점 높이고 있다고 지적했다.

현금이 말라가는 AI 기업들: 피치북 보고서②

화려한 AI 성공 담론과 달리, 실상은 참혹하다. 2025년 현재, 대부분의 AI 회사들이 손해를 보고 있는 상황이다. 몇몇 빅테크 기업을 제외하고, 대부분의 AI 스타트업들은 만성 적자 상태이며 현금 흐름이 마이너스다. 즉, 들어오는 돈보다 나가는 돈이 더 많다는 뜻이다. AI 스타트업들은 달리는 자전거와도 같다. 달리는 자전거는 페달 밟기를 멈추면 쓰러진다. 마찬가지로, AI 스타트업에 돈이 들어오지 않으면 한순간에 무너진다.

심지어 빅테크 기업들도 마찬가지다. AI 투자에 들어간 비용의 50%를 대출로 충당했기 때문에, 고정 비용 부담이 상당하다. 매달 갚아야 할 돈이 엄청나다. 이들에게 AI는 더 이상 투자가 아니라 '빠져나갈 수 없는 늪'이 되어가고 있다.

이런 상황에서 만약 GPU 가치가 예상보다 빠르게 떨어진다면 어떻게 될까? 피치북은 다음과 같은 시나리오를 경고한다.

1단계 GPU 값이 떨어지자 은행이 "빚을 당장 갚으세요!"라고 한다.

2단계 돈이 없는 AI 회사들이 빚을 갚지 못해서 망한다.

3단계 은행이 원금을 회수하려고 담보로 맡은 GPU를 시장에 내놓는다.

4단계 GPU가 시장에 너무 많이 나와서 값이 더욱 떨어진다. GPU 가격이 더욱 급락하고, 다른 금융기관들도 패닉에 빠진다.

5단계 패닉에 빠진 은행들이 불안해져서 빚을 갚으라고 재촉하고, 주식 투자자들이 주식을 내다 팔면서 주가는 하락하고, 연쇄적으로 회사들이 망한다.

6단계 빅테크 기업들까지 자금 부담으로 인한 피해를 입는다.

▨ AI, 환멸의 골짜기에 빠졌다: 가트너 보고서

1990년대, 정보 기술 연구 및 자문 회사인 가트너는 IT 업계에서 일어나는 이상한 패턴을 발견했다. 새로운 기술이 나올 때마다 똑같은 일이 반복되는 것이었다.

1 새로운 기술이 등장한다. 처음에는 아무도 관심 없고, 아주 극소수만 "어? 이런 기술이 나왔네?"라고 반응한다.

2 갑자기 모든 사람이 열광한다. "대박! 이 기술이 세상을 바꿀 거야!"라며 언론에서 떠들고, 투자자들이 돈을 쏟아붓기 시작한다. 주가 급상승도 시작된다.

3 실망해서 다들 등을 돌린다. 주가가 최고에 도달하고 기술을 사용해 보는 사람들이 늘어나기 시작할 때, 사람들 사이에서 이렇게 수근대기 시작한다. "어? 별

거 아니네?" "생각보다 별로네." 투자는 중단되고, 주가는 급락한다.

4 그러다 조용히 실용화된다. 1차 버블 붕괴가 일어나 투자자들의 관심이 급격히 식은 사이에도 기술의 발전은 계속된다. 버블 붕괴에서 살아남은 기업은 전열을 재정비한다. 그리고 일부에서 실제 활용법을 찾기 시작하고, "아, 이렇게 쓰면 되는구나!" 하는 반응도 시작된다.

5 이제 일상이 된다. 없으면 안 되는 기술로 인정받고, 당연한 것으로 자리 잡는다.

이걸 그림으로 그려보니 마치 산과 골짜기가 있는 듯한 곡선 모양이었다. 가트너는 이것을 '하이프 사이클^{Hype Cycle}'이라고 이름 짓고, 5단계로 나누었다. 가트너가 단 한 장의 그림으로 세상을 설명하는 마법의 곡선, '하이프 사이클'은 이렇게 세상에 태어났다.

2024년, 가트너는 AI에 대해서는 뭐라고 이야기했을까? "지금 AI 열풍은 하이프 사이클의 2단계인 '과도한 기대의 정점^{Peak of Inflated Expectations}'입니다. 모든 사람이 '와! 대박!' 하고 외치는 상태죠. 하지만 곧 3단계인 '환멸의 골짜기^{Trough of Disillusionment}'가 올 거예요. 그때가 되면 "AI 별거 아니네." 하고 실망할 겁니다. 하지만 그 후에 진짜 유용한 AI 활용법들이 나올 거예요." 가트너의 눈에 비친 2024년 AI 산업과 기술은 '과도한 기대감의 정점'의 단계였다. 특히 생성형 AI는 미디어와 업계의 과도한 기대로 인해 '과도한 기대의 정점'에 위치해 있었다. 성공

사례와 실패 사례가 동시에 쏟아져 나오지만, 여전히 미래에 대한 장밋
빛 전망이 지배적인 단계였다. 마이크로소프트, 구글, 아마존 등 빅테
크 기업들은 생성형 AI에 수백억 달러를 맹목적으로 투자하며 경쟁을
심화하고 있었다.

2025년, 가트너는 〈AI 하이프 사이클 2025**Hype Cycle for Artificial Intelligence
2025**〉을 발표하면서, 생성형 AI 기술은 3단계인 '환멸의 골짜기'에 진입
했다고 평가했다. 기술이 과도한 기대감에 미치지 못하면서 관심이 감
소하는 단계로, 다양한 문제들이 복합적으로 나타나며 버블 붕괴 위기
를 가속화한다. 가트너가 지적한 대표적인 문제는 AI 투자에 대한 낮

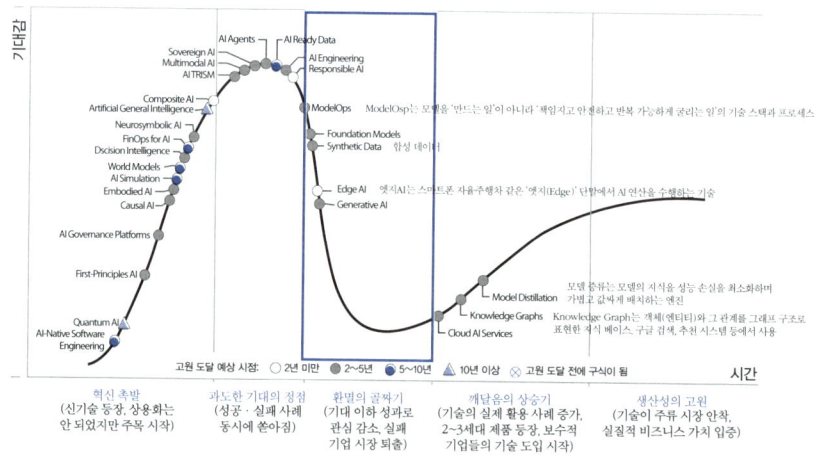

AI 하이프 사이클 2025

생성형 AI는 '환멸의 골짜기' 단계 진입 - <u>1차 버블 붕괴 패턴 진입 가능성</u>
(왼쪽일수록 연구·개념 중심, 오른쪽일수록 실용·ROI 중심)

출처: Garter 〈Hype Cycle for Artificial Intelligence 2025〉

은 만족도와 활용 사례 부족이다. 가트너는 기업들이 생성형 AI에 평균 190만 달러를 지출했음에도 불구하고, AI 투자에 만족한다고 밝힌 경영진은 30% 미만이라고 분석했다. 많은 기업이 적합한 AI 활용 사례를 파악하는 데 어려움을 겪고 있으며, 숙련된 전문가 부족, 데이터 비적합성, 보안 및 관리 문제 등이 주요 걸림돌로 작용한다고도 했다. 특히 AI 에이전트와 같은 특정 프로젝트는 2027년까지 40% 이상이 실패하거나 중단될 것이라는 비관적 전망을 가지고 있다고도 언급했다. 어디선가 들어본 말인 것 같지 않은가? 그렇다. MIT 미디어 랩의 〈2025년 비즈니스 분야 인공지능 현황 보고서〉 내용과 매우 비슷하다! 동시에, 가트너는 기업들에게 다음과 같은 조언을 했다.

1 **과도한 투자 자제**: "AI에 회사 운명을 걸지 말라"

2 **실용적 접근**: "화려한 데모보다 실제 업무에 도움 되는 것부터"

3 **장기적 관점**: "단기 수익보다 5~10년 후를 생각하라"

4 **인간 중심**: "AI가 사람을 대체하는 게 아니라 도와주는 도구로"

2
엔비디아로 보는 직접적 이상 신호들

░ 너무 성공한 왕은 어떻게 몰락하는가?

성공이 독이 되는 순간이 있다. 2024~2025년, 엔비디아는 세계에서 가장 성공한 기업 중 하나가 되었다. AI 열풍과 함께 주가는 하늘로 치솟았고, 시가총액은 세계 최초로 5조 달러를 돌파했다. CEO 젠슨 황 **Jensen Huang**은 IT 업계의 록스타가 되었다. 하지만 성공의 정점에서, 엔비디아는 이상한 딜레마에 빠지기 시작했다. 마치 맛집으로 소문난 레스토랑에 손님이 너무 몰려서 오히려 문제가 되는 것처럼 말이다. 성공 자체가 새로운 문제를 만들어내고 있었다. 이것이 바로 '엔비디아의 딜레마'이다.

현재 AI용 GPU 시장에서 엔비디아는 80% 이상의 점유율을 차지하고 있다. 사실상 독점이다. 이 상황을 음식으로 비유해 보자. AI를 만들려면 특별한 '재료'가 필요하다. 그것이 바로 GPU이다. 그런데 이 재료를 파는 가게가 전 세계에 거의 엔비디아 하나뿐인 상황이다. 당연히 엔비디아는 값을 마음대로 정할 수 있다. 수요는 폭증하는데 공급자는 하나뿐이니까. 그런데 엔비디아가 더 욕심을 냈다. "재료만 파는 게 아니라, 아예 내가 직접 요리해서 팔면 어떨까?" 이것이 바로 '네오클라우드neocloud' 전략이다.

네오클라우드는 AI와 머신러닝 같은 고성능 컴퓨팅을 위한 'GPU 중심의 전문 클라우드' 서비스를 가리킨다. 쉽게 말해, 기존의 대형 클라우드(아마존 AWS, 마이크로소프트 AZURE, 구글 클라우드)처럼 모든 걸 다 제공하는 '만능 클라우드'가 아니라, 엔비디아의 강력한 GPU를 빌려주는 'AI 전문 대여 서비스'이다. AI 훈련처럼 엄청난 계산이 필요한 작업에는 GPU가 필수적이기 때문에, 최근 네오클라우드 시장이 폭발적으로 성장하고 있다. GPU 칩 제조사로 유명한 엔비디아가 바로 이 분야에 뛰어들기 시작했다. 엔비디아는 단순히 칩만 파는 게 아니라 이 네오클라우드 생태계를 적극적으로 키우기로 결정한 것이다. 왜냐하면 AI 붐으로 GPU 수요가 폭증하니, 엔비디아가 직접 또는 파트너를 통해 GPU를 '빌려주는' 모델로 더 많은 수익을 내고 시장을 장악하려는 속셈이다.

네오클라우드가 왜 생겼을까? 배경을 좀 알아보자. 챗GPT 같은 AI 모델을 훈련하려면 수천 개의 GPU가 동시에 계산해야 한다. 하지만 기존 클라우드(하이퍼스케일러)에서는 GPU 공급이 부족하고 가격이 비싸다. 예를 들어, 엔비디아 H100 GPU 1시간 대여 비용이 기존 클라우드에서 약 98달러인데, 네오클라우드에서는 약 34달러니 3분의 1로 저렴해진다. 네오클라우드는 GPU에 특화된 '가벼운 클라우드'로, 일반 서버나 스토리지 등 불필요한 기능을 빼고 AI 작업만 최적화한다. 결과적으로 더 빠르고 싸게 GPU를 쓸 수 있다.

엔비디아의 네오클라우드 사업 전략은 이 분야에서 투자자 역할도 하고 직접 플랫폼 제공자 역할도 한다는 것이다. 엔비디아는 코어위브CoreWeave, 크루소Crusoe, 람다 랩스Lambda Labs 같은 네오클라우드 스타트업에 칩도 팔고 수십억 달러 자금도 직접 투자했다. 이 회사들은 엔비디아 GPU를 사서 클라우드로 재대여하는데, 그들의 수익이 커질수록 엔비디아는 칩 판매 수익과 투자 수익을 동시에 챙긴다. 2024년 4월, 엔비디아는 AI 스타트업 렙톤 AILepton AI를 인수했다. 이걸 바탕으로 2025년 6월에 DGX 클라우드 렙톤DGX Cloud Lepton이라는 자체 GPU 클라우드 서비스를 출시했다. DGX 클라우드는 엔비디아의 고성능 AI 서버를 클라우드로 대여하는 서비스이고, 렙톤 AI 인수 후 더 확장되었다. 엔비디아는 이 서비스를 AWS나 마이크로소프트 같은 대형 클라우드와 연동되게 해서, 개발자들이 쉽게 AI 앱을 빌드할 수 있게 한다. 엔비디아 CEO 젠슨 황은 파리 개발자 컨퍼런스에서 "AWS와 마이크로소프트가 이 마켓플레이스에 합류할 것이다."라며, 네오클라우드를 'AI 공장'으로 키우겠다는 계획을 발표했다.

엔비디아가 네오클라우드 전략을 구사하는 이유는 명확하다. 엔비디아는 새로운 시장으로 부상하는 네오클라우드 생태계를 통제하여 GPU 독점력을 강화하려는 심산이다. 이런 전략이 성공하면, 엔비디아는 네오클라우드를 통해 AI 시장의 '클라우드 왕'까지 될 수 있다.

하지만 이런 전략 때문에 '엔비디아의 딜레마'가 발생한다. 자체 투자한 네오클라우드에 GPU를 우선 공급해야 하니, 결과적으로 다른 회사들이 살 수 있는 GPU가 더욱 줄어든다. 공급 부족이 더 심해진 것이다. 이런 상황에서 GPU 가격은 계속 오른다. H100 칩 하나가 3만~4만 달러, 우리 돈으로 4천만~5천만 원에 달한다. 기업용 GPU 서버는 수억 원에서 수십억 원, 대형 AI 시스템은 수백억 원에서 수천억 원까지 치솟았다. 물론 엔비디아의 이런 전략은 단기적으로는 성공적이다. 매출도 늘고 주가도 올랐다. 하지만 이런 전략이 계속되면서 고객들은 "GPU가 너무 비싸다!", "언제까지 엔비디아 눈치만 봐야 하나?"라며 불만을 터뜨리기 시작했다. 경쟁사인 AMD, 인텔 등은 더 열심히 AI 칩 개발에 나섰고, 미국 정부도 "독점이 너무 심한 거 아니야?"라며 견제 신호를 보내기 시작했다. 투자자들도 "이렇게 높은 가격이 언제까지 유지될 수 있을까?"라는 우려를 나타내기 시작했다.

게다가 엔비디아의 '네오클라우드' 전략에는 치명적인 모순이 있다. 이미 아마존, 마이크로소프트, 구글 같은 빅테크 기업들이 엄청난 규모로 데이터센터를 짓고 있다. AI 붐에 맞춰 투자를 늘리고 있는 것이다. 그런데 엔비디아가 또 데이터센터를 짓고, 엔비디아가 투자한 회사들도 데이터센터를 짓는다. 문제는 실제 AI 서비스에 대한 수요가 예상보다 천천히 늘고 있다는 점이다. 모든 기업이 "AI를 도입해야 한다."라고 떠들고 있지만, 실제로 돈이 되는 AI 서비스는 아직 많지 않다. 챗GPT 같은 서비스도 아직 제대로 수익을 내지 못하고 있다. 결국 데이터센터는 너무 많이 지어졌는데, 이를 채울 고객은 충분하지 않을 수 있다. 2026~2027년에는 데이터센터 공급 과잉이 본격화되고, AI 서비스 수요가 예상보다 느리게 증가하면서 데이터센터 가동률이 하락할 가능성이 있다. 그렇게 되면 GPU 수요가 급감하고 엔비디아 매출에도 타격을 줄 수 있다.

엔비디아를 당혹하게 만드는 요인이 더 있다. 아이러니하게도 AI 칩 제조사인 엔비디아가 개발 주기를 단축시키면서, 기존 GPU의 시장 가치가 더욱 빠르게 하락하고 있다는 점이다. 신제품이 빨리 나올수록 구형 GPU의 담보 가치는 더욱 빨리 떨어진다. 그럴수록 엔비디아가 투자한 회사들의 담보 가치도 빠르게 하락한다. 엔비디아가 GPU를 더 많이, 더 빨리 팔기 위해 선택한 전략이 부메랑이 되어 돌아올 가능성이 커지는 셈이다.

엔비디아와 오픈AI의 수상한 거래

이런 속사정을 알고 나면, 최근 엔비디아가 하는 행동에 의심스러운 구석이 한두 가지가 아님을 간파할 수 있다. 최근 엔비디아는 10기가와트GW 규모의 데이터센터를 구축하겠다고 발표했다. 10GW가 얼마나 큰 규모일까? 원자력발전소 10기에 해당하는 전력량이다. 이는 서울시 전체가 쓰는 전력량과 맞먹는다. 이 엄청난 전력을 모두 컴퓨터 칩을 돌리는 데 쓴다고 상상해 보라. "정말 그렇게 큰 데이터센터가 필요할까?"라는 의문이 들 수밖에 없다.

2025년 1월 22일에도 시장을 놀라게 하는 발표를 했다. "오픈AI와 1000억 달러(약 140조 원) 규모의 계약을 맺었습니다!" 언론과 투자자들은 "엔비디아가 또 대박 났다!", "AI 시장이 정말 크구나!"라며 열광했다. 하지만 계약 내용을 자세히 들여다보니 뭔가 이상하다.[5] 이 1000억 달러 계약의 구조를 보면, 첫 번째 단계에서 엔비디아가 오픈AI에게 돈을 빌려주고, 두 번째 단계에서 오픈AI가 그 돈으로 엔비디아의 GPU를 사며, 세 번째 단계에서 엔비디아는 "1000억 달러 매출 달성!"이라고 발표했다. 이상하지 않나?

뭔가 이상한 낌새를 눈치 챈 월스트리트 전문가들은 엔비디아와 오픈AI와 거래 구조를 '순환 거래'라고 평가했다. 순환 거래란 A회사가 B회사에 돈을 주고, B회사가 그 돈으로 다시 A회사 제품을 사는 구조다. 겉보기에는 거래가 활발한 것 같지만, 실제로는 돈이 빙글빙글 돌기만 하는 거다. 실제 수요가 아닌 인위적 수요를 창출하고, 매출은 늘어나지만 실제 현금 흐름은 개선되지 않으며, 투자자들에게 잘못된 신호를 전달할 가능성이 크다.

이런 수법이 낯설지 않은 이유가 있다. 2000년 닷컴 버블 때도 똑같은 일이 벌어졌다. 당시 캐나다의 노텔Nortel 같은 통신 장비 회사들이 고객사에 직접 자금을 빌려주면서 장비 구매를 유도했고, 통신 장비 회사들이 "매출 급증!"이라고 발표하자 투자자들이 열광하며 주가가 상승했다. 결과는 어땠을까? 과잉 공급과 대규모 부실채권으로 2001년 버블이 붕괴하는 데 일조하게 되었고, 그 과정에서 많은 회사들이 파산하고 투자자들이 큰 손해를 입었다.

오픈AI의 실제 상황은 어떨까? 수익 구조를 보면 챗GPT 유료 구독이 월 20달러이고, 기업용 서비스는 아직 제한적이며, 광고 수익은 거의 없다. 그런데 비용 구조를 보면 GPU 임대료가 월 수백억 원이고, 직원 급여는 세계 최고 수준이며, 연구개발비는 막대한 규모다. 현실적으로 오픈AI는 아직 제대로 된 수익을 내지 못하고 있으며, 매출보다 비용이 훨씬 많은 상황이다. 앞으로도 천문학적인 추가 자금이 필요하다. 하지만 업계 1위를 달리는 오픈AI도 요즘 들어 추가 투자금 유치가 쉽지 않다. 이런 상황에서 엔비디아가 1000억 달러를 투자하는 백기사로 나타난 것이다.

그렇다면 오픈AI가 엔비디아로부터 빌린 1000억 달러를 어떻게 갚을까? 첫 번째 시나리오는 대성공을 거두는 미래다. 챗GPT가 전 세계 필수품이 되고, 기업들이 앞다투어 AI 서비스를 구매하며, 오픈AI가 엄청난 수익을 창출하는 경우다. 두 번째 시나리오는 실패하는 미래다. AI 서비스 수요가 예상보다 적고, 구글이나 그록이나 클로드 등의 경쟁사들이 더 좋은 서비스를 출시하며, 오픈AI가 대출금을 갚지 못하는 경우다. 현실적 관점에서 보면, 현재로서는 두 번째 시나리오가 더 가능성이 높아 보인다.

왜 엔비디아와 오픈AI는 이런 위험한 거래를 했을까? 표면적으로는 "AI 생태계 발전을 위해서", "오픈AI의 성장을 도우려고"라고 하지만, 실제 이유는 다르다. 오픈AI는 계속 추가 투자금이 들어온다는 허장성세가 필요했다. 엔비디아는 GPU 수요가 생각보다 늘지 않고, 경쟁사들의 추격이 거세지며, 주가 유지를 위한 대형 호재가 필요하고, 매출 숫자를 키워야 하는 압박을 받기 때문이다.

월스트리트의 영리한 투자자들은 이미 눈치채기 시작했다. "1000억 달러 계약이 진짜 매출일까?", "오픈AI가 정말 그 돈을 갚을 수 있을까?", "엔비디아가 왜 이런 위험한 거래를 할까?"라는 의문점들을 속속 제기하고 있다. 시장 반응도 나타나기 시작했다. 일부 투자자들이 엔비디아 주식을 매도하기 시작했고, 애널리스트들이 실적 전망을 하향 조정했으며, "지속 가능하지 않은 성장"이라는 우려가 확산되기 시작했다. 엔비디아의 이번 계약은 AI 기술과 산업의 1차 버블이 정점에 다다르고 있다는 신호일 수 있다.

엔비디아의 1000억 달러 계약이 위험한 이유는 또 있다. "엔비디아의 매출이 진짜일까?"라는 의문이 확산되면, AI 산업 전체의 신뢰성이 훼손될 수 있다. 다른 AI 기업들도 비슷한 '꼼수' 거래를 시도하는 연쇄 반응이 일어날 수 있고, 정부가 이런 거래를 문제 삼을 가능성도 있으며, 장기 투자자들이 AI 주식에서 손을 떼기 시작할 수도 있다.

결국 엔비디아가 '양날의 검'을 꺼내 든 셈이다. 단기적으로는 주가 부양 효과와 매출 숫자 개선, 시장 관심도 증가라는 효과가 있지만, 장기적으로는 신뢰성에 대한 의문 증가, 지속가능성 우려 확산, 버블 붕괴 가속화라는 위험이 있는 칼 말이다. 결국 이 카드가 엔비디아를 구할지, 아니면 더 큰 추락의 원인이 될지는 시간이 말해줄 것이다. 하지만 분명한 건, 이런 방식으로는 진짜로 지속 가능한 성장을 만들어낼 수 없다는 점이다. 역사의 교훈을 보면, 숫자는 속일 수 있지만 시장은 결국 진실을 알아낸다. 엔비디아의 1000억 달러 계약이 진짜 가치인지, 아니면 1차 버블의 마지막 몸부림인지는 곧 드러날 것이다.

░ GPU를 적게 사용하는 AI 모델의 출현

AI 투자시장의 위기를 알리는 신호들은 이것만이 아니다. 미중 무역 전쟁으로 중국은 엔비디아의 최신 GPU를 제대로 살 수 없게 되었다. 미국 정부가 수출을 제한하고 있기 때문이다. 그런데 이것이 오히려 중국에게는 '전화위복'이 되어가고 있다. 2024년 말, 중국의 AI 기업 딥시크DeepSeek가 놀라운 기술을 발표했다. GRPOGroup Relative Policy Optimization라는 방식인데, 쉽게 말하면 GPU를 적게 써도 AI를 잘 만드는 방법이다. 전문가들은 GRPO 기술을 AI 모델, 특히 챗GPT 같은 언어 모델을 훈련하는 데 혁신적인 방법이라고 평가했다. 이 기술 덕분에 딥시크의 최신 모델 DeepSeek-R1과 DeepSeekMath는 수학적 추론이나 복잡한 문제 해결에서 기존 대형 모델을 압도하는 성능을 보여주고 있다.

AI 모델을 '똑똑하게' 만드는 건 강화 학습reinforcement learning, RL이다. 이는 시행착오를 통해 배우는 과정이다. 예를 들어, 아이가 수학 문제를 풀 때 선생님이 '좋은 답: +10점, 나쁜 답: −5점'처럼 보상reward을 주며 가르치는 거다. 기존 방법인 PPOProximal Policy Optimization는 인기 있지만, 문제점이 있다. '선생님(크리틱 모델)'이 별도로 필요하다는 것이다. 이 선생님은 아이의 모든 행동을 평가해야 하니, 메모리와 컴퓨팅 비용이 2배로 든다. 딥시크가 발표한 GRPO 방식은 선생님 없이 '아이들끼리 경쟁하게 해서 배우게' 하는 방법이다. 그런데 이 방법을 사용하니 선생님 없이도 효율적으로 훈련되어 버린 것이다. 그러면 선생님 없이도 학생들끼리 경쟁하는 것만으로 어떻게 좋은 성과를 낼까? 쉽게 설명하면 다음과 같다. AI 모델에게 같은 질문을 주고, 여러 답변(예를 들어 4~8개)을 무작위로 생성한다. 마치 한 문제를 여러 아이가 각기 다른 방식으로 푸는 것과 같다. 그리고 각 답변에 보상을 매긴다(보상은 별도의 '보상 모델'이 계산). 이때 그룹 내 평균 보상을 기준으로 상대적으로 평가하는 방식을 쓴다. 만약 평균 이상이라면, "긍정적 이점(+) → 이 답변 방식 더 자주 써!"라고 지시한다. 만약 평균 이하이면, "부정적 이점(−) → 이건 덜 써!"라고만 지시한다. 즉, 시험에서 5명 아이의 점수를 평균 80점으로 치면, 그중에서 90점 받은 아이는 "잘했어. 비슷하게 해!" 하고 칭찬받고, 70점 받은 아이는 "조금 더 노력해!" 하며 조정해 주는 것이다. 절대 점수가 아니라 상대 비교라 공정하고, '보상 해킹(치트)' 같은 문제를 피할 수 있다. 그 결과, (선생님이 필요 없기에) 메모리는 50% 절감된다. 혹은 H800 같은 저사양 GPU로도 훈련이 가능해졌다. 미국이 수출을 막는 최고급 GPU를 사용하지 않아도 된다는 말이다. 그룹 비교라 데이터 효율이 좋고, '엉뚱한 행동off the rails'도 줄었다. 당연히 훈련 속도가 빨라졌다. 딥시크는 이걸로 7B(70억 파라미터) 모델을 70B급 성능으로 끌어올렸다.

중국은 최신 GPU를 못 사니까 성능 좋은 칩이 부족했다. 궁여지책으로 GPU를 효율적으로 쓰는 방법을 개발한 거다. 메모리도 적게, 전력도 저게 쓰면서 비슷한 결과를 얻는 방법 말이다. 마치 쌀이 부족한 상황에서 '적은 쌀로도 배부르게 먹는 요리법'을 개발한 것과 같다. 다른 중국 기업들도 이런 방법을 따라 하기 시작했다. 2024년 말~2025년 초, 알리바바 주가가 급등했다. 중국 AI 기업들도 주목받기 시작했다. 이는 중요한 신호다. 시장이 "중국 AI도 만만치 않네?", "엔비디아 독점이 영원하지 않을 수도 있겠네?", "GPU를 적게 써도 되는 방법이 있다면?"이라고 말하고 있는 것이다.

중국의 이런 움직임은 엔비디아에게 여러 걱정을 안겨준다. 기술적으로는, GPU를 많이 안 써도 되면 제품 수요가 줄어들 수 있다는 위협이 있다. 시장 심리적으로는, 투자자들이 엔비디아 독점이 영원할 거라는 믿음을 잃을 수 있다는 우려가 생긴다. 경쟁이 격화되면서 다른 나라들도 효율적인 AI 기술 개발에 나설 것이고, 독점력이 약해지면 GPU 가격을 마음대로 올릴 수 없다는 가격 압박도 받게 된다.

엔비디아의 위기는 여기서 끝나지 않는다. 또 다른 타격은 마이크로소프트에서 나왔다. 마이크로소프트가 개발한 GRPO Roc이라는 새로운 학습 시스템이 AI 업계에 충격을 안겼다. 이 시스템의 핵심도, 적은 GPU로도 빠르게 AI를 학습시킬 수 있다는 것이다. 쉽게 말해, 지금까지 20주 걸리던 AI 학습을 1주 만에 끝낼 수 있게 된 것이다. 마이크로소프트의 GRPO Roc 기술은 딥시크의 GRPO 기술보다 더 위협적이라고 평가할 수 있다.

비유로 설명해 보자면, 지금까지는 좋은 성적을 내려면 책을 많이 사야 한다는 것이 상식이었다. 그래서 학생들이 앞다투어 비싼 참고서를 잔뜩 샀다. 그런데 갑자기 '참고서 한 권으로도 같은 성적을 낼 수 있는 공부법'이 나타난 거다. 그러면 학생들이 굳이 비싼 참고서를 많이 살 이유가 없어진다. GRPO Roc 기술이 바로 이런 것이다. GRPO Roc 시스템은 강화 학습 스텝을 20배 이상 단축시키고, 외부 도구를 활용해서 스스로 검증하는 방식으로 학습 속도를 획기적으로 높였다. 동시에 GPU 사용량은 크게 줄었다. 이는 AI 모델 학습 비용과 시간을 동시에 줄일 수 있음을 의미한다. 이런 고효율 학습 시스템이 확산되면 어떻게 될까? 지금까지 AI 업계의 불문율이었던, GPU를 많이 깔면 무조건 좋다는 스케일링 법칙에 대한 의문이 제기되기 시작한다. 기업들이 "굳이 비싼 GPU를 잔뜩 사야 할 이유가 있나?"라고 생각하게 되는 것이다. 결국 최고 성능 GPU에 대한 폭발적인 수요 증가세가 둔화될 수밖에 없다.

사면초가에 빠진 AI 투자시장

엔비디아를 향해 다가오는 또 다른 위기는 고객들의 배신이다. 구글, 아마존, 마이크로소프트 같은 빅테크 기업들이 엔비디아로부터 칩 공급을 제대로 받지 못하고 가격만 천정부지로 뛰자, 아예 자체 AI 칩 개발에 나섰다. 구글은 TPU를, 아마존은 AWS 트레이니움AWS Trainium과 인퍼렌티아Inferentia를, 마이크로소프트는 마이아Maia를 개발하고 있다. 고객들이 경쟁사로 돌아설 준비를 하고 있는 것이다.

게다가 이들은 엔비디아의 핵심 경쟁력이었던 '쿠다CUDA' 소프트웨어 플랫폼의 호환성까지 깨기 위해 AI SDK 컴파일러 등을 개발하고 있다. 기존 쿠다 기반의 AI 소프트웨어를 자체 칩에서도 구동할 수 있게 만드는 것이다. 이렇게 되면 클라우드 기업들은 원가를 크게 절감할 수 있고, 훨씬 저렴한 가격으로 AI 서비스를 제공할 수 있게 된다. 엔비디아 GPU의 필요성이 크게 감소하는 건 당연한 결과다.

전력 부족도 숨은 위기 요소다. 아무리 GPU를 많이 사도 전기가 없으면 돌릴 수 없다. 미국 내 전력 인프라 부족은 데이터센터의 무한 확장을 제한하고 있다. 마치 아무리 자동차를 많이 사고 싶어도 주차할 곳이 없으면 소용없는 것과 같다. 역설적이게도 이 전력 부족 문제는 엔비디아와 경쟁하는 빅테크 기업들에게 오히려 기회를 제공하기도 한다. 어차피 전력이 부족해 데이터센터를 빨리 지을 수 없고 엔비디아 칩을 더 살 수도 없으니, 그 시간 동안 자체 AI 칩 개발에 집중할 수 있게 된 것이다. "어차피 지금 당장은 더 살 수도 없으니, 차라리 우리가 만들어보자."라는 식으로 말이다.

시장 전체의 과열도 위기 요소다. 일부 전문가들은 현재 주식, 주택, 비트코인, 금 가격이 모두 고점에 있으며, 유동성 과다, 정부 부채 증가, 높은 인플레이션 등이 증시 급락을 초래할 수 있다고 경고하고 있다. 마치 풍선이 너무 부풀어 올라서 언제 터져도 이상하지 않은 상황과 같다.

엔비디아가 직면한 딜레마 혹은 위기를 정리해 보면, 먼저 독점의 역설이다. 독점할수록 견제를 받고, 가격을 올릴수록 대안을 찾으려는 노력이 증가하며, 성공할수록 표적이 된다. 다음으로, 확장의 함정도 있다. 시장을 확장할수록 과잉 공급 위험이 커지고, 직접 사업할수록 고객과 경쟁 관계가 되며, 성장할수록 지속가능성에 대한 의문이 제기된다. 또한, 기술 발전의 아이러니도 나타난다. 자신이 만든 좋은 기술이 경쟁사들의 혁신 동기를 부여하고, GPU 성능이 좋을수록 효율성 기술 개발이 촉진되며, 선도할수록 추격당할 위험이 증가한다. 전력 부족으로 당장 더 팔 수도 없는 상황도 생각지 못한 위기 요소가 되었다. 게다가 시장 전체가 과열되어 언제 터져도 이상하지 않은 상태다.

이처럼 겉으로는 엔비디아의 주가가 계속 뛰지만, 이면에서는 엔비디아가 사면초가에 빠져드는 형국이 펼쳐지고 있다. 엔비디아 주가가 무너지면 AI 버블 붕괴의 방아쇠가 당겨질 가능성이 매우 크다. 엔비디아가 이 모든 위기를 어떻게 극복할지는 아직 미지수다.

3
AI 버블 붕괴가 불러올 현상

닷컴 버블의 악몽이 재현될까?: 급격한 붕괴 시나리오

현재 주식시장에서 AI 버블은 닷컴 버블(1995~2000년)과 놀라울 정도로 유사한 과열 징후를 보이지만, 아직 급격한 붕괴로 치닫지는 않고 있다. 하지만 붕괴를 우려할 만한 징후들은 많다.

2025년 11월 초, 엔비디아는 주가수익비율P/E Ratio, PER 56을 기록했고, 테슬라Tesla는 281를 기록했다. 최근에 AI 수혜에 올라탄 오라클Oracle은 55를 기록 중이다. 엔비디아는 단독으로 시가총액 5조 달러를 기록하기까지 했다. 1999년에는 10대 기업 중 5개만이 기술 회사였고, 나머지 다섯 개는 제너럴 일렉트릭, 시티그룹, 엑손 모빌, 월마트, 홈디포가 차지했다. 반면 지금은 시가총액 기준으로 상위 10개 기업 중 7개 기업이 AI 붐에 올라타 있다.

1990년대 후반의 상위 기술주인 시스코, 델, 인텔, 루슨트, 마이크로소프트는 지수의 15%를 차지했고, 2000년 3월 닷컴 버블이 절정에 달했을 때, 기술 부문 기업의 시가총액이 33%를 넘어섰다.[6] 반면 AI 스토리에 의해 주가 폭등 중인 소위 '매그니피슨트 세븐Magnificent 7, M7', 즉 알파벳, 아마존, 애플, 메타, 마이크로소프트, 엔비디아, 테슬라는 이미 S&P 500의 34% 이상을 차지한다.

닷컴 시대에는 인터넷 인프라에 2조 달러 이상이 쏟아졌다. AI 투자는 그 이상을 뛰어넘을 기세다. 모건 스탠리에 따르면, 생성형 AI 산업은 2028년까지 약 2조 9천억 달러의 글로벌 데이터센터 지출(칩·서버와 같은 하드웨어에 1조 6천억 달러, 인프라에 1조 3천억 달러)이 필요할 것이라고 전망했다.[7] 서서히 투자자들도 이 수준의 집중력에 불안해하고 있다.

이처럼 여러 징후들이 닷컴 버블 때와 유사하거나 넘어서고 있지만, 그렇다고 그것이 곧 버블 붕괴를 의미하는 것은 아니다. 나스닥이 78% 하락하고 시총이 5조 달러 증발했던 닷컴 버블 때처럼 '급격한 자유 낙하'가 발생하려면, 단순한 시장 피로가 아닌 다중 촉매제(선제 조건)가 동시에 작동해야 한다.

첫째, 나스닥 지수가 더 치솟아야 한다. 닷컴 버블 시절, 나스닥 지

버핏 지수(2025.6.30. 기준)

현재 버핏 지수 217%는 추세선보다 2.2 표준편차 상위에 위치
- 시장이 매우 과대평가되었음을 나타냄

(버핏 지수: 미국 주식 시장 가치 대비 GDP 비율)

2025년 6월 30일
시장 가치 대비 GDP 비율 217%,
장기 추세선보다 69% 높은 수준

[+ 2 표준편차]
[+ 1 표준편차]
역사적 추세선
[- 1 표준편차]
[- 2 표준편차]

출처: www.currentmarketvaluation.com

수는 1997년부터 2000년까지 4년동안 400% 상승했다. 그에 비해 AI 버블은 2023년부터 2025년 9월 말까지 2년 9개월 동안 200% 상승 중이다. 닷컴 버블 붕괴처럼 '급격한 자유 낙하'가 발생하려면, 2026년 말까지 추가 상승을 지속해야 한다.

'버핏 지수' 그래프를 보자. 버핏 지수Buffett indicator란, 워렌 버핏Warren Edward Buffett이 즐겨 사용하는 주식시장 밸류에이션 지표다. 전체 주식시장 시가총액(명목)을 GDP(명목)로 나눈 비율로, 시장 전체의 과대/과소 평가 상태를 판단하는 거시경제 지표로 사용된다. 닷컴 버블 시기에, 버핏 지수가 역사적 평균 추세선보다 2 표준편차 높은 수준을 기록한 후, 얼마 지나지 않아서 나스닥 대폭락이 발생했다. 현재 상황은 어떨까? 2025년 6월 30일 기준, 버핏 지수 217%(GDP의 2.17배 수준)는 추세선보다 2.2 표준편차 높은 수준으로, 이는 시장이 강하게 과대평가되어 있음을 나타낸다. 2 표준편차는 약 95%의 데이터가 포함되는 범위로 매우 극단적인 수준이라는 의미다. 정규분포에서 2.2 표준편차를 초과할 확률은 약 1.4%. 즉, 100번 중 1~2번만 나타나는 매우 드문 현상으로 통계적으로 매우 극단적인 수치(정상 범위를 크게 벗어남)다.

'나스닥 지수' 그래프도 살펴보자. 나스닥 지수의 역사적 변동을 보

출처: https://finance.yahoo.com

면, 2025년 9월 30일 기준(오른쪽 회색 원)으로 나스닥은 닷컴 버블 붕괴 1년 전(왼쪽 회색 원)과 비슷한 수준까지 버블이 형성되었다는 것을 알 수 있다.

둘째, 선도 수익forward earnings이 더 치솟아야 한다. 선도 수익은 주식 시장에서 매우 중요한 개념이다. 12개월 선도 수익은 기업이 앞으로 12개월 동안 벌어들일 것으로 예상되는 순이익earnings을 말한다. 즉, 과거 실적trailing earnings(지난 12개월)을 보는 것이 아니라, 애널리스트들의 전망과 기업 가이던스를 반영하여 앞으로 예상되는 이익을 나타내는 것으로, '이 회사는 앞으로 돈을 얼마나 잘 벌 것인가'를 기준으로 삼는 것이다.

2025년 7월 기준, S&P 500에서 상위 10개 주식의 12개월 선도 수익 버블 평가는 25년 전보다 양호했다.[8] S&P 기술 부문은 29.5배의 선도 수익으로 거래되고 있는데, 이는 역사적 기준으로는 높지만 2000년에 기술 부문이 기록한 거의 50배의 정점에 비하면 상당히 낮기 때문이다. 마찬가지로, S&P 500과 나스닥도 닷컴 피크에는 각각 24.5배와 70배 이상의 선도 수익으로 거래되었지만, 지금은 약 22배와 28.5배로 상대적으로 낮은 수준이다.

만약 2026년에 나스닥 지수가 지금보다 2배 이상 튀어 오른다면, 기술 부문의 선도 수익이 2000년 당시와 같은 약 50배에 도달하고,

S&P 500과 나스닥도 닷컴 피크 당시와 같은 각각 24.5배와 70배 이상에 도달할 수 있다. 이 조건들이 충족되어 닷컴 버블 때와 같은 붕괴가 일어날 경우, 나스닥 50~70% 하락과 글로벌 GDP 3% 후퇴가 일어날 수 있다.

셋째, 금리 인상과 유동성 위축 가속화가 일어나야 한다. 닷컴 버블 붕괴의 직접적 트리거는 연준의 금리 인상이었다. 1999년부터 2000년까지 기준금리가 4.75%에서 6.5%로 급등하며 저비용 자금이 마르더니, 투자자들이 위험자산에서 빠져나갔다. 이로 인해 닷컴 주식의 80%가 6개월 만에 반토막 났다. 2025년 9월 현재, 연준 기준금리는 4.25%로 안정적이고, 추가 하락을 기대 중이다. 하지만 2026년 인플레이션 재점화가 핵심 변수다.

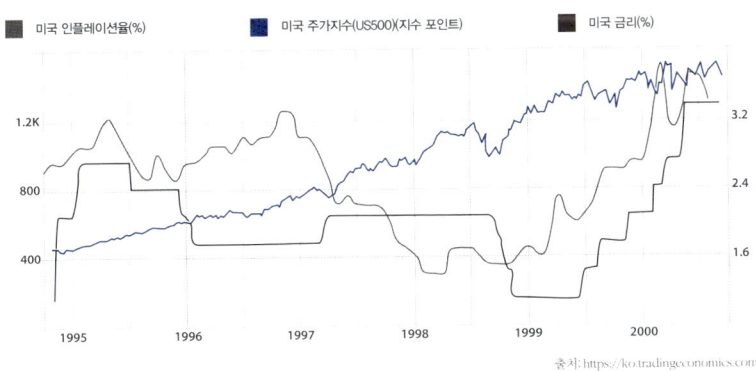

닷컴 버블 당시 인플레이션과 기준금리

1999년 인플레이션이 재상승하자, 연준도 기준금리 재인상

'닷컴 버블 당시 인플레이션과 기준금리' 그래프를 보자. 닷컴 버블 당시, 연준은 1995년 기준금리 정점 이후, 인플레이션이 계속 하락하자 기준금리를 인하했다. 이에 주식시장은 다시 폭등했다. 하지만 1999년부터 인플레이션이 다시 상승하자, 연준은 기준금리 재인상을 단행했다.

많은 사람들이 트럼프 2기 행정부의 관세가 미국 물가를 치솟게 만들 것이라고 예상했다. 하지만 필자는 관세가 소비자물가 상승률headline inflation rate을 크게 상승시키지 않을 것이라고 예측했었다. 에너지 물가 하락과 소비자들이 값싼 대체재를 구매하는 반작용이 일어날 것이었기 때문이다. 필자의 예측대로 2025년에 미국 물가는 생각보다 안정적이었다. 그러자 많은 사람들이 2026년에는 기준금리만 더 내리면 생각보다 안정적인 물가, 인플레이션이 반영된 GDP 수치 등이 나타나면서 '골디락스 경제goldilocks economy' 국면에 진입할 것이라고 내심 기대 중이다. 물론 그럴 수도 있다. 2025년 9월 FOMC 점도표dot plot은 2025년 말 개인소비지출PCE 물가가 3.0%, 2026년에는 2.6%로 하향될 것으로 예측했고, 그에 따라서 기준금리는 3.25~3.5% 부근까지 추가 인하될 것으로 전망했다.

연준이 기준금리 추가 인하를 단행하면 주식시장의 추가 상승이 일어날 것이다. 하지만 그것이 문제다. 2026년에 주식시장이 추가 폭등을 시작하면, 아이러니하게도 주식시장 활황이 인플레이션 재점화의 핵심 변수로 작동할 가능성이 크다. JP 모건 글로벌 리서치J.P. Morgan Global Research는 AI 데이터센터 전력 소비(2025년 미국 전체 8% 차지)가 인플레이션을 0.5%p 밀어 올릴 것으로 예측했다.

인베스토피디아Investopedia도 2025년 4분기에 인플레이션이 피크를 찍은 후 2026년 관세 완화로 안정될 수 있으나, AI 에너지 수요(2030년까지 1,000TWh 증가)가 이를 방해할 것이라고 경고했다. 또한, 트럼프 행정부의 관세 후폭풍이 2026년에 늦게 나타날 수도 있다. 미국 소비의 나침반인 월마트에서 "지금까지 진행된 상황을 보면 관세의 영향이 점진적이어서 고객들의 행동 변화는 다소 제한적이었다.", "관세가 적용된 가격 수준에서 재고를 다시 채우고 있으며 이에 따라 관련 비용이 매주 증가하고 있다. 이는 3분기와 4분기까지 이어질 것이다."라는 전망이 나왔다. 인플레이션이 재점화되면, 연준은 다시 기준금리 인상을 단행해야 한다.

'최근 인플레이션과 기준금리' 그래프를 보자. 2025년 9월 기준으로 인플레이션은 하락한 후에 재상승 징후를 보이고 있다. 연준도 2025년 9월 FOMC 점도표에서 2025년 말 개인소비지출PCE 물가가 3.0%를 기록할 것이라는 전망을 내놓았다. 만일 2026년에 물가가 안정화되지 않고 추가 상승한다면, 연준은 기준금리를 재인상하게 되고 투자시장

최근 인플레이션과 기준금리

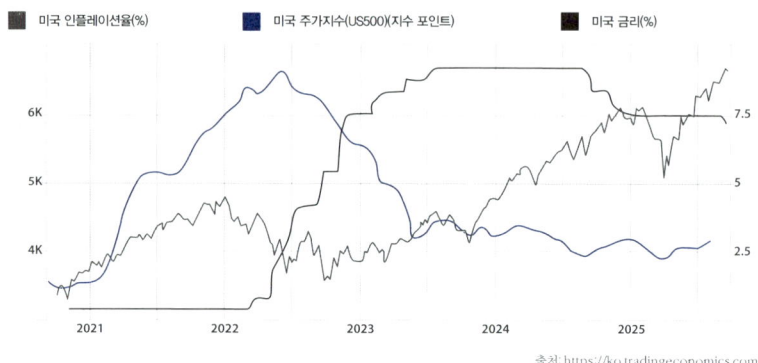

출처: https://ko.tradingeconomics.com

에 급격한 유동성 위축이 발생할 것이다. 닷컴 시대에 벤처캐피탈**VC** 투자 자금은 1999년 1000억 달러, 2000년 1300억 달러로 피크를 찍었으나, 연준이 기준금리를 재인상한 후인 2001년에는 40% 급감했다. 오늘날 AI 산업도 기준금리가 1%p 인상되면 투자수익률**IRR**이 15%에서 8%로 떨어지며 자금 유출이 가속화된다. 결과적으로, 이 조건이 형성되면 엔비디아 주가의 40% 하락이 시작되며, 전체 기술 부문으로 확산되어 닷컴급 패닉 투매가 일어날 수도 있다.

넷째, AI 실적 부진과 'ROI 환멸의 골짜기' 심화가 일어나야 한다. 닷컴 버블에서 '클릭당 수익' 환상이 깨진 것은 실적 부진 때문이었다. '닷컴 버블 당시 기업 이익' 그래프를 보자. 닷컴 버블 전반기에는 기업 이익이 수직 상승했다. 하지만 후반기에 접어들면서 기업 이익이 하락

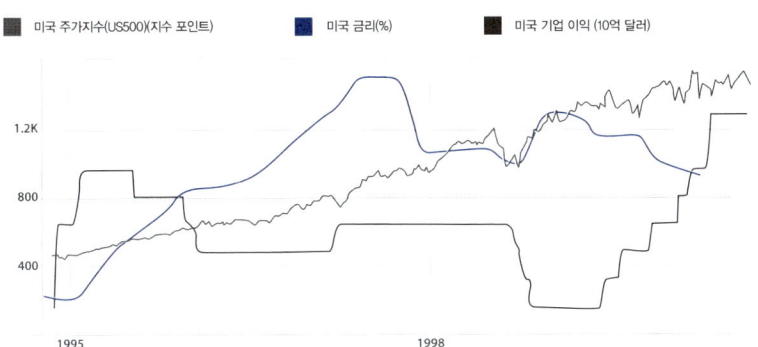

닷컴 버블 당시 기업 이익

버블 초기에는 기업 이익이 성장, 버블 후기에 기업 이익 정체

미국 주가지수(US500)(지수 포인트)　　미국 금리(%)　　미국 기업 이익 (10억 달러)

출처: https://ko.tradingeconomics.com

하면서 주춤거리기 시작했다. 그리고 붕괴 직전인 2000년에는 아마존을 제외한 90%의 닷컴 기업이 적자를 기록하며, 투자자들이 'ROI 환멸의 골짜기'로 떨어졌다.

　AI에서도 ROI 실패가 선제 조건으로 작용하면, 2026년 빅테크 기업의 실적 발표와 함께 시장이 무너질 수 있다. 예를 들어, 마이크로소프트나 구글 실적 발표에서 AI 매출 성장률이 10% 미만으로 둔화되면 투자자 패닉이 발생할 수 있다. '최근 기업 이익' 그래프를 보자. 2025년 9월 기준, AI 기업들의 주가는 버블 전반기를 지나고 있고, 예상대로 기업 이익은 상승세를 보이고 있다.

　앞서 살펴보았던 가트너의 〈AI 하이프 사이클 2025〉 보고서에 따르면, 생성형 AI는 이미 '환멸의 골짜기'로 이동했으며, 2026년에는

최근 기업 이익

2025년 현재, AI 버블 전반기로 기업 이익 상승 중

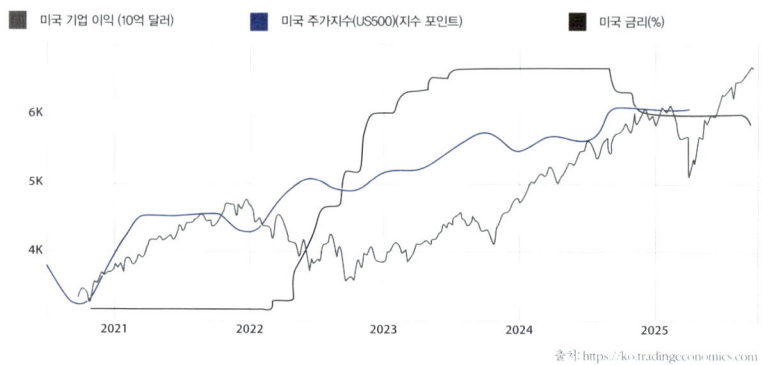

■ 미국 기업 이익 (10억 달러)　　　■ 미국 주가지수(US500)(지수 포인트)　　　■ 미국 금리(%)

출처: https://ko.tradingeconomics.com

70% 기업이 AI 프로젝트를 취소할 수 있다고 전망했다. 이미 곳곳에서 AI 기업의 투자 문제, 도입 실패와 실망 사례가 나오고 있다. 실제로 2025년에 AI를 도입한 기업 중 95%가 ROI를 달성하지 못했다. 가트너에 따르면 비용 상승, 불명확한 비즈니스 가치, 부적절한 위험 통제로 인해 2026년 AI 예산이 25% 삭감될 수 있고, 에이전트 AI 프로젝트의 40% 이상이 2027년 말까지 취소될 것이라고 한다.[9] 프래그매틱 코더스Pragmatic Coders의 분석에 따르면, 2022~2025년 제조업 부문의 생산성 증가율은 연평균 0.5%에 불과했다. 2004~2022년이 연평균 1.5% 수준이었는데, 그보다도 낮아진 것이다. 따라서 2026년에는 기업들이 효율성 명목으로 추가로 AI에 돈을 쏟아붓지 않을 것이라는 예상이다.

닷컴 붕괴의 숨은 원인은 과잉 투자였다. 2000년까지 무려 8000만

마일의 광섬유가 설치되었으나 그중에서 85%가 '다크 파이버^{dark fibre}', 즉 미사용으로 남아 대역폭 가격을 폭락시켰다. AI에서도 데이터센터 과잉이 이미 시작되었고, 2026년에는 공급 초과가 가시화될 수 있다. 한편으로는, 닷컴 붕괴 후 미국 증권거래위원회^{SEC}의 규제 강화가 후속 타격이었듯, AI 산업에서는 EU의 AI 법안과 미중 반도체 전쟁이 버블 붕괴 증폭기 역할을 할 수 있다. 2025년 EU 인공지능법^{AI Act}이 고위험 AI를 규제하며, 이로 인해서 유럽에서는 2026년부터 40% 투자 위축이 초래될 전망이다. 게다가 2026년에 딥시크 충격처럼 중국에서 새로운 기술이 발표되면, 이 역시 AI 버블 붕괴를 촉진할 수 있다.

닷컴 버블은 1999년 과열 후 2000년 금리 인상, 실적 부진, Y2K 수요 소멸로 무너졌다. AI 버블은 아직까지 그 정도의 단계로 나가지 않은 것으로 보이지만, 주식시장 추가 상승, 기준금리 재인상, ROI 실패, 공급 과잉, 규제 충격 등의 조건이 동시 형성되면 얼마든지 일어날 수 있다. 만일 이 조건들이 2026년 말에 동시다발적으로 발생한다면, 2027년에는 나스닥 중심의 기술주 대폭락(50~70%), 벤처캐피탈 자금 동결, 실리콘밸리발 대량 해고 사태, GDP 3~5% 후퇴, 연관된 공급망 기업(반도체 장비, 클라우드 등)의 연쇄 충격이 현실화될 수 있다. AI 열풍의 내러티브가 닷컴 버블 때와 유사해 '이미 본 영화' 같다는 경고의 목소리를 지나쳐 듣지 말자.

▨ 최악을 피할 수 있을까?: 완만한 붕괴 시나리오

2025년 11월 현재, 시장은 여전히 불확실성으로 가득 차 있다. 엔비디아와 같은 AI 관련 주식은 여전히 강세를 보이며, 글로벌 AI 투자액은 2025년 상반기 1200억 달러를 돌파했다. 그래서 AI 버블의 미래에는 '또 다른 시나리오'도 존재한다. 닷컴 버블처럼 급격한 붕괴가 일어나려면 금리 급등, ROI 대규모 실패, 공급 과잉, 지정학적 충격 등의 선제 조건이 동시다발적으로 형성되어야 한다. 그런데 만일 이러한 조건이 충족되지 않는다면 어떨까? 즉, 2026년에 연준의 기준금리가 3% 중반대에서 안정되고 AI 실적이 부분적으로 성공하고 규제가 점진적으로 도입되며 미중 무역 긴장이 완화된다면 어떻게 될까? 그러면 나스닥 지수가 78%나 폭락한 닷컴 버블 붕괴처럼 자유낙하하는 게 아니라 '소프트 랜딩soft landing', 즉 완만한 조정으로 그칠 가능성도 충분하다.

캐피털 이코노믹스Capital Economics의 분석에 따르면, 이 경우 2026년 나스닥 지수는 25~35% 조정에 머무르며, 전체 경제에 가해지는 충격은 제한적일 전망이다. 이는 닷컴 버블 때와 달리 AI의 빅테크 기반이 강하고, 생산성 향상(현재 0.5% 수준 이상)이 지속되기 때문이다. 이런 완만한 조정은 기업들의 AI 지출 둔화, AI의 물리적 제약(데이터센터 용량 부족, 에너지 수요 200TWh 증가)으로 인한 혁신 제한 정도만 작동하는 '이상적인 시나리오 상황'이다. 골드만 삭스^{Goldman Sachs}도 최근 보고서에서 AI 지출 둔화가 2025년 말부터 2026년으로 이어지며, 이럴 경우 S&P 500 지수가 15~20% 하락할 수 있다고 전망했다.

오픈AI(2025년 130억 달러 매출 예상)와 앤트로픽^{Anthropic}(2025년 20~40억 달러 매출 예상)의 투자 베팅이 무너지면, 매그니피슨트 7 주식은 40% 급락할 수 있지만, 전체 S&P 500에 미치는 영향은 10~15%에 그친다. 나스닥 중심의 기술주 하락도 25~35%로 제한될 전망이다. 시장 충격은 GDP 1~2% 하락으로 제한될 것이고, 공급망 혼란도 최소화된다. 투자 성장 둔화가 실업률을 6~7%까지 올릴 수 있지만, 이는 일시적이다. 아이러니하게도, 생산성 향상이 미미해 고용 충격도 완화된다. 닷컴 버블 붕괴보다 덜 치명적인 버블 붕괴다. 이는 '심각한 조정 painful correction'과 '둔화slowdown'이지 금융위기급도 아니다.

이럴 경우 밸류에이션 조정도 1년 이내에 끝날 수 있다. VC 자금 동결은 30% 수준으로 그쳐, 'AI 겨울'이 아닌 '조정기'로 끝날 수 있다. 이런 수준의 버블 붕괴는 단기적 경기침체를 유발하나, 인플레이션 하락과 주택 가격 조정으로 '모두에게 결국 좋은 상황Everyone will finally be happy'을 만들 수 있다. 전체 경제는 회복력이 있어서, 완만한 붕괴 후 2027년 자산시장 회복도 빠를 것이다. 과대평가 해소 후에는, 대규모의 재투자도 이루어지게 될 것이다.

첫 번째 폭풍을 피하는 법

앞의 2가지 시나리오 예측을 살펴보면, 대부분의 독자들은 '완만한 붕괴와 제한적 충격 시나리오'를 확률이 더 높은 미래라고 받아들일 가능성이 높다. 하지만 '급격한 붕괴 시나리오'도 늘 염두에 두어야 한다. 2026년 주식시장이 '불장'이 된다면 더욱 그렇다. '급격한 붕괴 시나리오'의 첫 번째 조건이 2025년보다 2배 상승하는 '불장'이기 때문이다. 그렇다면 AI 버블 붕괴라는 첫 번째 폭풍을 피하는 법은 무엇일까? 크게 3가지다.

- **방어 전략**: 기술주 비중 축소. 특히 수익성 증명이 불확실한 AI 관련주 경계. 인버스 ETF를 활용한 헤지 전략.
- **기회 포착**: 버블 붕괴 후 살아남을 '진짜 AI' 기업(현금 흐름이 좋은 빅테크, 특정 산업에 특화된 AI 솔루션 기업) 선별을 위한 리서치 시작.
- 뜻밖의 시나리오도 늘 염두에 두기.

'설마가 사람 잡는다'는 우리 조상들의 지혜가 담긴 속담이다. 역사를 돌아보면 이 속담이 얼마나 정확한지 알 수 있다. 1997년 IMF 외환위기 때를 생각해 보라. 대부분의 사람들은 "설마 우리나라가 망할 리가 있나?"라고 생각했다. 한국은 세계 11위 경제대국이었고, 대기업들이 승승장구하고 있었기 때문이다. 하지만 그해 11월, 정말로 국가 부도 직전까지 갔다. 2008년 리먼 브라더스 파산도 마찬가지였다. 150년 역사의 거대 투자은행이 하루아침에 무너질 거라고 누가 상상했을까? 월스트리트의 전문가들조차 "설마 리먼이 망하겠어?"라고 말했다. 하지만 설마는 현실이 되었고, 전 세계 경제가 휘청거렸다.

미래학에서는 이런 예상치 못한 일들이 일어나는 것을 '뜻밖의 미래 시나리오'라고 부른다. 이는 예측하지 못한 미래의 상황이나 일들에 대한 논리적 가정을 말한다. 정치, 기술, 사회, 경제 등 다양한 분야에서 발생하며, 종종 예상치 못한 혁신이나 변혁, 그리고 대반전을 불러온다. 하지만 여기서 중요한 점이 있다. 뜻밖의 미래도 '미래 징후futures signals'를 미리 보내온다는 것이다. 단지 그 신호들이 희미하고 작을 뿐이다. 문제는 대부분의 사람들이 이런 작은 신호들을 무시하거나 '설마'라고 생각하며 넘어간다는 점이다.

2000년 닷컴 버블 때도 붕괴를 알리는 미래 징후가 이미 나타나고 있었지만, 사람들은 무시했다. 대부분의 인터넷 기업들이 실제로는 돈을 벌지 못하고 있었고, 과도한 투자로 거품이 생기고 있었다. 2008년 부동산 버블 때도 붕괴를 알리는 미래 징후가 나타나고 있었지만, 사람들은 무시했다. 소득에 비해 너무 비싼 집값, 무리한 대출, 부실한 금융 상품들이 쌓이고 있었다.

지금 AI 버블도 비슷한 패턴을 보이고 있다. 겉보기에는 모든 것이 순조로워 보이지만, 작은 균열들이 여기저기 나타나고 있다. 문제는 사람들이 이런 징후들을 보면서도 '설마'라고 생각한다는 점이다. 이번에는 다르다는 말들이 나온다. 이런 징후들이 모두 한꺼번에 터지면 어떻게 될까? AI 버블이 붕괴하고, 관련 기업들의 주가가 폭락하며, 투자자들이 큰 손실을 입을 수 있다.

뜻밖의 미래 시나리오를 준비하거나 대응하기 위해서는 유연한 사고와 다양한 분야에 대한 깊은 이해가 필요하다. 다양한 가능성을 고려하여 전략을 세우는 것이 중요하다. AI 시장에서 나타나고 있는 여러 징후들을 무시해서는 안 된다. 물론 AI 기술 자체는 분명히 미래를 바꿀 혁신적인 기술이다. 하지만 그것이 현재의 투자 열풍과 기업들의 가치평가가 모두 합리적이라는 뜻은 아니다. 우리는 AI 기술의 발전을 인정하면서도, 동시에 시장의 과열 가능성을 경계해야 한다. 그래야만 진정한 AI의 시대를 맞이할 수 있을 것이다. 모든 달걀을 한 바구니에 담지 말고, 위험을 분산시키는 것이 중요하다.

역사가 우리에게 가르쳐준 가장 중요한 교훈을 잊지 말라. 예상치 못한 일은 언제든 일어날 수 있다. 그리고 그런 일들은 대부분 미리 징후를 보내온다. 문제는 당신이 그 징후들을 읽을 준비가 되어 있는가

하는 것이다. 2026년은 '설마가 사람 잡는다'라는 속담을 잊지 말고, 항상 다양한 가능성에 대비하는 현명한 자세를 가져야 할 때다.

"가장 위험한 순간은 모든 사람이 안전하다고 믿는 때이다."

– 하워드 막스, 오크트리 캐피털 회장

2
Part

두 번째 폭풍

유럽과 중국,
부채 쓰나미가 몰려온다

1
프랑스에서 시작되는 유럽의 위기

▨ 유동성 파티에 가려져 있던 시한폭탄, 국가 부채

1장에서 살펴보았듯, AI 버블의 붕괴는 단순히 기술주 몇 개의 폭락으로 끝나지 않는다. 그것은 지난 몇 년간 시장을 지배해 온 '묻지마 유동성 파티'의 종언을 알리는 신호탄이다. 수조 달러의 자산이 증발하는 충격은 전 세계 자금의 흐름을 역류시킨다. 뜨겁게 달아올랐던 위험자산에서 차갑게 식은 안전자산으로, 필사적인 '자금의 대탈출the great escape'이 시작되는 것이다.

이 거대한 자금의 썰물은 그동안 수면 아래 감춰져 있던 가장 위험한 암초들을 드러낸다. 파티가 한창일 때는 너그러이 용납되었던 부채, 보이지 않았던 구조적 균열들이 맨살을 드러내는 순간이다. AI라는 성장 신화에 가려져 있던 두 개의 거대한 시한폭탄, 바로 유럽과 중국이다. 이제 우리는 AI 버블 붕괴라는 첫 번째 폭풍이 어떻게 이들의 묵은 상처를 터뜨려 '부채의 쓰나미'라는 훨씬 더 거대한 두 번째 폭풍을 몰고 오는지 목격하게 될 것이다.

많은 이들이 국가 부채 문제를 말할 때면 미국을 떠올리지만, 사실 프랑스, 영국, 이탈리아, 중국 등도 위험하다. 그중에서도 프랑스가 가장 위험하고, 어쩌면 미국보다 더 심각한 나라일 수 있다. 미국의 GDP 대비 정부 부채 비율은 124%이다. 2008년 67.5%였던 정부 부채는 금융위기를 수습하느라 2010년 90.9%까지 증가했다(23.4%p 증가). 이후 2019년까지는 비교적 완만하게 늘어서 106%가 되었는데(15.1%p 증가), 코로나를 극복하는 과정에서 다시 급격히 늘어 124%가 되었다(18%p 증가). 즉, 미국의 정부 부채 증가는 방만한 재정 운영이 원인이 아니다. 주로 금융위기와 코로나 대재앙을 극복하는 과정에서 급증한 것이다. 이런 패턴은 다른 나라도 마찬가지다. 2025년 기준, 일본 255%, 중국 83.4%, 그리스 162%, 이탈리아 135%, 프랑스 113%, 캐나다 108%, 스페인 102%, 영국 96%이다. 주요 선진국 대부분이 정부 부채 급증이라는 대재앙에 빠진 상황이다. 참고로, 유럽 경제의 버팀목인 독일은 정부 부채가 62.5%로 양호하지만, 경제성장률이 마이너스다. 이런 상황을 감안하면, 제1의 기축통화국이며, 경제성장률 2~3%를 유지하는 미국의 정부 부채가 124%라면, 상대적으로 안전한 상태라고 해야 한다.

대륙별로 평가할 때도, 북미 대륙보다 유로존이 더 심각한 상황이다. 2011~2014년 유럽발 금융위기가 관광 등으로 연명하던 남유럽이 진원지였다면, 지금은 제조업을 중심으로 탄탄한 경제를 자랑했던 북유럽이 위기의 진원지다. 물론 남유럽도 최악의 상황은 면했지만 여전히 엉망이다. 여기에 더해서 이제는 북유럽마저 흔들리고 있는 것이다. 특히 유럽 경제의 중심축인 프랑스와 영국, 독일이 흔들린다.

유럽의 약한 고리, 프랑스

2025년 한 해, 프랑스 전역이 시위에 휩싸였다. 거리 곳곳에서 최루탄이 터지고, 경찰과 시위대 사이에 격렬한 몸싸움도 벌어졌다. 특히 MZ 세대의 불만이 커지고 전국에서 수십만 명이 참여하는 시위들이 반복되었다. 철도와 지하철은 물론, 학교와 어린이집, 약국까지 문을 닫는 일이 비일비재했다. 이처럼 프랑스의 상황은 혼란스럽기 그지없다. 엄청난 정부 부채와 재정적자, 시위와 정치적 대혼란으로 휘청이고 있고, 물가 상승도 그 어느 때보다 심각한 상황이다. 재정적자 확대와 국가 부채 증가 문제 해결을 위해 복지 예산을 줄이고 세금을 더 많이 거두어야 하지만, 이는 국민들의 반대에 부딪혀 사회적 갈등만 커지고 있다. 지난 2년간 다섯 번의 내각 불신임이 반복되었다.

예를 들어, 바이루Bayrou 총리는 공휴일 축소안을 내놓았다가 국민들의 거센 반발을 이기지 못하고 의회의 불신임을 받으며 결국 사임했다. 공휴일 축소 이슈는 정부의 긴축 재정안과 연결되면서 큰 갈등의 중심이 된 문제다. 바이루 총리가 경제위기를 극복하기 위해 발표한 긴축 재정안에는 복지를 축소하고 의료비를 인상하는 내용과 함께 국가 공휴일도 일부 폐지하는 내용이 포함되어 있었다. 프랑스 국민들에게 성역처럼 건드리면 안 되는 민감한 사안들이 있다. 정년(은퇴 연령), 연금, 복지, 그리고 휴식과 관련된 문제들이다. 우리는 이해가 되지 않지만, 프랑스 국민들에게 공휴일은 휴식의 의미만이 아니라 노동자의 권리나 삶의 질, 역사적 의의와 직결된 것으로 여겨지기 때문에, 이를 건드리는 순간 거센 반발을 낳는다고 한다. 결국 바이루 총리의 후임인 르코르뉘Lecornu 총리는 공휴일 축소안을 폐지했다.

프랑스 전역을 뒤흔들고 있는 시위들이 일어나는 근본적인 이유는 정부가 내놓은 긴축 재정안 때문이었다. 과거 마크롱Macron 대통령은 부유세를 없애고 법인세를 내리는 파격적인 감세 정책을 시행했다. 그런데 코로나가 터지고 러시아-우크라이나 전쟁 대응을 위해 대규모 지출을 하면서 결국 재정 파탄으로 이어졌다. 그러자 마크롱 대통령은 서민들의 허리띠를 졸라매는 긴축 재정안을 강행했다. 긴축 재정안에는 정년, 연금, 복지, 그리고 공휴일 축소 등의 세부 조항들이 포함되었다. 국민들은 긴축 재정안에 즉각 반대하며, 부자들에게 세금을 걷는 부유세를 다시 도입할 것을 요구했고, 야당은 마크롱 대통령 탄핵안을 의회에 제출했다.

만약 2026년도 예산 감축 법안이 통과되지 못하면, 2025년 올해 예산이 내년에도 자동적으로 연장되어 신규 긴축 재정 및 세제 개편이 불가능해진다. 이는 구조 개혁의 불가능으로 이어진다. 마크롱 대통령은 내각 붕괴 후 신임 총리를 임명했지만, 조기 총선은 실시하지 않으려 한다. 2024년 실시했던 조기 총선에서 극우 및 좌파 의석이 늘어나 국정 운영이 더 어려워졌던 경험이 있다. 현재 재정 개혁 프로그램이 국민의 환영을 받지 못하는 상황에서 조기 총선을 실시할 경우 의석을 더 잃을 위험이 있다. 그럴 경우, 2027년까지의 대통령 임기마저 채우지 못할 위기에 몰릴 수 있기 때문이다. 문제는 마크롱 대통령의 이런 회피적인 태도가 현재의 정치 구도를 고착화시켜 개혁 정책 추진을 어렵게 만들고, 국가적 리스크를 해소하기 어렵게 할 수 있다. 그렇다면 과연 프랑스의 경제는 얼마나 심각한 상황이기에 이런 정치 사회적 불안으로까지 이어진 걸까?

2025년 9월, 국제 신용평가기관인 피치Fitch는 프랑스의 국가신용등급을 AA-에서 A+로 한 단계 하향 조정했다. 뒤이어서 10월에는 S&P마저 AA-에서 A+로 하향 조정하여 충격을 주었다. 프랑스는 그동안 독일과 더불어 유럽의 가장 큰 주요 국가로 여겨졌으나, 이번 등급 하락으로 포르투갈, 스페인과 동급으로 취급받는 신세가 되었다. 로이터는 피치가 프랑스의 신용등급을 하락시킨 세 가지 주요 포인트를 제시했다.

첫 번째 요인은 정치적 불안정성 및 소요 사태다. 프랑스 정치는 최근 2년 동안 다섯 차례나 내각 불신임이 반복되는 등 심각한 상태다. 재정 개혁(세수 확대, 복지 축소)에 대한 국민적 반대가 워낙 커서, 총파업이 발생할 위험도 크다. 두 번째 요인은 GDP 대비 재정적자 확대 및 국가 부채 증가다. 마지막 요인은 신임 총리에 대한 불신이다. 2025년 9월에 새로 임명된 르코르뉘 총리는 여소야대 상황에서 어려운 개혁 법안을 추진해야 하는 입장이었다. 신임 총리가 재정적자 이슈를 해결하지 못할 경우(실제로 해결하지 못하고 1개월 만에 사퇴했다), 추가적인 신용등급 하락 압력을 받을 것으로 예상되었다.

사실 정권이 교체된다 하더라도 프랑스의 막대한 국가 부채를 해결할 수 있을지는 여전히 미지수라는 점도 작용했을 것이다. 현재 프랑스 하원은 극우 · 좌파 · 중도 세력이 분점하고 있어서, 집권 세력이

다수당을 차지하지 못하고 있다. 이로 인해 대중이 선호하지 않는 개혁 정책, 정부 부채 축소안을 추진하기 매우 어려운 상황이다. 위기 국면을 돌파하려면 집권 여당의 힘이 있어야 하지만, 여소야대라서 뚫을 수가 없다. 마크롱 대통령은 최대한 조심하면서 2027년까지의 대통령 임기를 채울 태세인데, 설령 당장 정권이 바뀐다 해도 문제 해결은 쉽지 않다. 극우 정당으로 알려진 국민연합이 물가를 잡겠다는 공약으로 지지율 1위를 차지하고, 현직 대통령 마크롱과 가상 대결에서 연이어 앞선 결과를 내고 있다. 하지만 국민연합도 재정적자 축소에 있어서는 뾰족한 해법이 없다. 프랑스 국민 대다수가 확장 재정에 중독된 지 오래다. 정부가 복지 예산 삭감이나 세금 인상과 같은 긴축 정책(재정 개혁)을 추진하기 매우 어렵다. 그래서 지금의 국가 부채, 물가 상승, 재정적자 등의 문제들은 다른 어떤 정치인이 집권하더라도 해결하기가 어려운 상황에 이르렀다.

2025년 기준, 프랑스의 기초 재정수지 적자는 GDP 대비 5.4%로, 유럽에서 가장 크다. 경제성장 둔화로 세원 확보가 어렵고 구조 개혁도 부진하여 세입은 지속적으로 감소하고 있다. 반면, 고령화로 인한 연금 관련 지출 등 복지 비용은 계속 커지고 있다. 세입은 줄고 지출은 늘어 재정적자 규모가 지속적으로 확대되고 있지만, 이를 해결하려는 의지도 부족하고, 정치적 해결 능력도 부족하고, 국민들의 반대도 심하다.

2025년 기준, 정부 적자는 −5.8%이고, 경제성장률은 연평균 기준으로 1% 미만이다. 반면, 국채 금리는 3%를 넘어서고 있다. 정부 정책의 신뢰 붕괴가 장기화될 가능성이 높아서, 리스크 프리미엄은 쉽게 떨어지지 않을 것이다. 늘어나는 재정적자 폭에 더해, 경제성장률보다 국채 금리가 더 높아서 국가 부채 증가 속도가 매우 빨라지고 있다. 프랑스는 한국보다 더 빠르게 노령화가 진행되고 있어, 생산성도 떨어지고 있다는 평가를 받는다. 현재 GDP 대비 113%의 국가 부채가 미국을 추월할 것은 시간문제다.

만일 2026년에 또 다른 글로벌 신용평가회사인 무디스까지 프랑스 신용등급 하락에 동참할 경우, 프랑스 국채의 투매를 폭발시키는 계기가 될 수 있다. 프랑스 국채의 외국인 투자 비중은 33%인데, 프랑스 국채 폭락 시 이들은 주저 없이 투매를 할 가능성이 높다. 이러한 투매는 국채 금리를 다시 급등시키고, 프랑스에서 자금 이탈을 가속화하는 악순환을 불러온다. 프랑스 상황이 미국과 다른 점은, 국채 금리가 올라갔을 때 계속 사줄 나라가 없다는 것이다. 프랑스 은행의 자국 국채 보유 비중도 15%에 달해서, 국채 금리가 급등하면 은행들이 보유한 국채 가격이 하락하면서 엄청난 평가 손실을 입는다. 이는 프랑스 은행들의 자본 비율을 악화시켜, 프랑스 은행 시스템에 직접적인 충격을 준다. 은행들의 자본 비율이 악화되면, 대출도 위축되고, 프랑스 내 유동성 불안 위험을 커지게 하고, 유로존 내에서 상대적으로 안전한 독일이나 네덜란드로의 자금 이탈을 불러와, 프랑스 전체 사회의 신용 경색으로 전이될 수 있다. 설상가상으로, 프랑스는 GDP 대비 민간 부채 비율도 212%로 선진국 중 가장 높다. 이 역시 프랑스 금융 시스템의 구조적 취약성을 가중시킨다.

▨ 유럽 전체로 번지는 위기

프랑스 경제와 금융의 신용 악화는 남유럽 국가로도 심리적 파급을 줄 가능성이 있으며, 결국 유로존 전체의 신뢰 약화에 영향을 미칠 수 있다. 그뿐만 아니라 만약 위기가 발생하면, 프랑스 은행은 자본 비율을 맞추기 위해 해외 투자자금을 회수할 수 있다. 프랑스 은행의 해외 투자 및 대출 규모(해외 익스포저)는 2.3조 달러이다. 전 세계 4위 규모이며, 이 중에서 미국 대출만 7500억 달러에 달한다. 중국이 보유한 미국 국채 규모와 동일한 엄청난 규모이니, 이 자금이 회수될 경우에 세계 경제에 미칠 파급효과는 상당할 것이다. 반대로 프랑스에 투자한 해외 자본도 타격을 받게 될 텐데, 대표적으로 영국 은행들은 프랑스에 4500억 달러 규모의 대출과 국채 매입을 했다. 프랑스 국채 평가

손과 기업 부실은 곧바로 영국 금융권의 충격으로 이어질 것이다.

2025년 현재, 영국 경제는 1976년 IMF 구제금융 상황과 비교하는 주장이 나오는 상황이다. 영국이 겪고 있는 심각한 부채 수준과 고금리 압박 때문이다. 그래서 일부 전문가들은 영국의 현재 위기가 일시적인 경기침체가 아니며, 1976년 영국이 IMF에 구제금융을 요청했던 굴욕적인 순간이 재현될 수도 있다는 분석까지 한다. 영국 정부가 발행하는 30년 만기 국채 금리가 25년 만에 최고치에 도달했고, 1976년보다 훨씬 더 심각한 재정 부담을 안고 있기 때문이다. 부채 규모도 1976년 대비 3배 이상 늘어난 상황이고, 이에 따라 이자 비용이 하늘로 치솟고 있다. 1976년 IMF 구제금융 신청 당시에는 파운드화 환율이 2.60달러에서 1.60달러까지 폭락하는 등 통화 위기가 직접적 원인이었다. 지금은 통화 가치가 하락하면서 동시에 부채 위기와 금리 위기가 목을 조르고 있는 상황이다.

그리고 현재 영국 경제가 위기에서 쉽게 벗어나기 어렵다고 판단되는 이유는 몇 가지 구조적 문제들이 겹쳐있기 때문이다. 첫째, 만성적인 경기침체와 고질적인 인플레이션이다. 둘째, 노동시장 악화다. 브렉시트Brexit와 코로나19라는 대재앙을 연달아 맞으면서 고용시장이 맥을 못 추고 있다. 지난 1년 동안에도 13만 5천 개의 일자리가 사라졌다. 셋째, 정치적 해법도 오리무중이다. 영국 정부는 재정 문제를 해결하기 위해 세금 인상, 지출 축소, 빚 증가의 세 가지 선택지 중 어느 하나를 택해야 하지만, 어느 하나도 쉽지 않다. 이런 상황에서 여당은 군사적 모험(우크라이나 군사 개입 지지 등)을 통해 정치적 지지율을 끌어올리는 데만 신경을 쓰고 있다. 넷째, 브렉시트 이후 금융 중심지라는 입지가 심각하게 흔들리고 있다. 런던 금융 시스템도 성장 기업 육성보다는 부자들의 돈을 관리하는 서비스에 주력하는 모양새다. 높은 세금 부담 등으로 인해 부자들이 런던을 떠나 세금이 낮은 아랍에미리트^{UAE} 등으로 이동하고 있어서 이들을 붙잡으려는 궁여지책이다. 이런 상황에서 프랑스에서 금융위기가 발생하면 영국의 금융시장도 속절없이 무너질 것이다. 그리고 미국과 영국 금융시장이 흔들리면, 글로벌 금융시장이 무너지는 도미노 현상이 일어난다.

그래서 프랑스의 재정위기가 확대될 경우, 이론적으로는 유럽중앙은행^{ECB}이 상황 관리에 나서야 한다. 예를 들어, 프랑스 국채 시장에서 투매와 금리 폭등이 일어나면, ECB가 직접 프랑스 국채를 매수하는 프로그램(TPI, OMT 등)을 가동시켜 금융 시스템 안정화 작업을 하는 방식이다. 하지만 현실적으로는 ECB의 역할에도 제약과 한계가 있다. 지금 ECB가 프랑스 때문에 선제적으로 추가 금리 인하를 한다면, 오히려 투자자에게 "진짜 위기다!"라고 신호를 주는 꼴이 되어 위험하다. 게다가 ECB의 국채 매수 프로그램도 해당 국가의 지속가능성과 자구적인 노력이 전제되어야 발동할 명분이 생긴다. 프랑스 정부가 제 몫을 못하는데, ECB가 개입하면 역효과가 더 크다. ECB가 명분 없이 프랑스 지원에 나설 경우, 2011년 남유럽 국가 위기 때처럼 유로화가 바로 폭락하면서 유로존 전체 위기로 갈 가능성이 있기 때문이다. ECB가 프랑스 문제에 대해 굉장히 신중하게 접근하고 있는 이유다.

2
중국의 성장 엔진이 멈춘다

▨ 중국을 옭아매는 세 가지 덫

프랑스를 중심으로 한 유럽의 위기는, 마치 오랜 기간 만성질환을 앓아온 환자와 같다. 병명(국가 부채)은 명확하고, 증상(재정적자, 저성장)은 꾸준히 나타났으며, 처방전(구조 개혁)이 있음에도 실행하지 못해 서서히 임계점으로 다가가는 모습이다. 시장은 이 '예측 가능한 위험'에 대해 갑론을박을 벌인다.

하지만 유라시아 대륙 반대편에는 전혀 다른 종류의 환자가 신음하고 있다. 지난 30년간 성장 호르몬을 과다 투여해 누구도 넘볼 수 없는 거인으로 자라났지만, 이제 그 약물의 치명적인 부작용에 시달리기 시작한 중국이다. 겉보기엔 여전히 강건해 보이지만, 내부에서는 뼈가

녹아내리고 혈관이 막히고 있다. 유럽의 위기가 '관리 실패'의 문제라면, 중국의 위기는 '사회주의식 자본주의 성공 모델의 종말'이라는 훨씬 더 근본적인 문제다.

유럽, 특히 프랑스가 마주한 부채 위기는 '투명성'이라는 특징을 갖는다. 부채 규모, 재정적자, 국채 금리 등 모든 지표가 시장에 공개되어 있으며, 위기의 전개 과정 역시 과거 그리스나 이탈리아의 사례를 통해 어느 정도 예측이 가능하다. 문제는 '알면서도 해결하지 못하는' 정치적 의지의 부재에 있다.

그러나 우리가 이제부터 살펴볼 중국의 위기는 정반대의 속성을 지닌다. 바로 '불투명성'과 '미증유未曾有의 복잡성'이다. 공식적인 부채 통계 뒤에 숨겨진 그림자 금융과 지방정부의 숨은 빚은 그 규모조차 정확히 파악하기 어렵다. 또한, 국가 주도의 자본주의와 공산당의 강력한 통제라는 특수성 때문에 서구의 경제 이론으로는 그 붕괴의 과정과 시점을 예측하기가 극도로 까다롭다. 유럽의 위기가 열려 있는 상처라면, 중국의 위기는 겉은 멀쩡하지만 속으로 곪아 터지기 직전인 내상內傷에 가깝다.

프랑스의 재정위기가 현실화된다면, 그 충격은 유로존의 붕괴 우려와 함께 글로벌 금융 시스템을 강타할 것이다. 이는 2008년 리먼 사태나 2011년 유럽 재정위기처럼 '금융 채널'을 통해 전 세계로 퍼져 나가는 전형적인 선진국발 '금융위기'의 모습을 띨 것이다.

하지만 중국의 문제는 단순히 금융 시스템을 넘어 전 세계 실물경제의 심장을 멈추게 할 수 있다는 점에서 그 파괴력이 차원을 달리한다. 중국은 '세계의 은행'이 아니라 '세계의 공장'이자 '세계의 시장'이기 때문이다. 중국의 성장이 멈추는 순간, 호주와 브라질은 철광석을 팔 곳을 잃고, 독일과 한국은 자동차와 반도체를 팔 시장을 잃으며, 애플과 나이키는 가장 중요한 소비자를 잃는다. 금융 충격에 더해 '수요 절벽'과 '디플레이션 수출'이라는 실물경제의 재앙을 동반하는 것이다. 이제 2026년이면 서서히 재앙의 그림자를 드러낼, 중국의 '부동산, 부채, 그리고 성장 모델의 한계'라는 세 가지 덫을 자세히 들여다볼 시간이다.

1 **부동산의 덫**: 단순한 가격 하락을 넘어선 '자산–부채 불황'의 시작. 지방정부의 핵심 수입원이었던 토지 사용권 판매 급감 → 지방정부 재정 파탄 → 인프라 투자 중단 및 공공 서비스 축소의 연쇄반응.

2 **부채의 덫**: 드러난 부채보다 위험한 '그림자 금융'과 지방정부 융자 플랫폼(LGFV)의 부실 문제.

3 **차이나 피크의 현실화와 체제 불안**: 부채 문제가 인구 감소, 미국의 기술 통제, 공급망 이전(탈중국화)과 맞물려 중국의 잠재성장률이 구조적으로 하락하는 현

상 → 시진핑 체제의 위기로 전이될 조짐.

▨ 첫 번째 덫: 부동산 위기 심화와 자산─부채 불황의 시작

2026년 중국의 부동산 시장을 묘사하는 가장 정확한 단어는 '붕괴collapse'나 '패닉panic'이 아니다. 그보다 훨씬 더 차갑고 절망적인 단어, 바로 '만성적 체념chronic resignation'이다. 2020년대 초반, 중국 경제는 부동산 부문의 급격한 붕괴로 인해 전례 없는 충격을 받았다. 이 위기는 2020년 8월 도입된 '3대 적자 규제three red lines' 정책으로 촉발되었다.[10] 정책의 배경은 충분히 이해가 갔다. 중국은 2010년대 후반부터 이어진 부동산 과열로, 주택이 투기 대상이 되어 가격이 폭등하고 개발사 부채가 GDP의 30%에 달하는 수준으로 팽창했다. 특히 2020년 중국 부동산 시장의 가격-소득 비율이 13.4(1선 도시는 26.6)로 미국(7.4)의 2배에 달하는 상황에 이르렀다.

시진핑習近平 주석의 지시로 진행된 '3대 적자 규제' 정책은 중국 정부(중앙은행과 주택도시농촌건설부)가 부동산 개발사들의 과도한 부채를 통제하기 위해 도입한 금융 규제 지침이었다. 이 정책은 부동산 버블의 위험을 줄이기 위해, 주택 가격 안정화 및 금융 시스템 안정을 목적으로 하며, 개발사들의 레버리지(부채 비율)를 제한하는 3가지 기준을 중심으로 운영되었다. 시진핑 주석은 "주택은 거주를 위한 것이지 투기를 위한 것이 아니다."라는 지침을 내렸고, 정부는 2020년 시범적으로 12개 대형 개발사에 적용한 후 전면적으로 시행했다.

부동산 개발사들은 다음 세 가지 재무 지표를 준수해야 하며, 이를 초과하면 신규 부채 증가가 제한을 받았다. 첫째, 부채 대비 자산 비율 liability-to-asset ratio을 70% 미만으로 유지해야 했다. 이는 개발사의 전체 자산에서 부채가 과도하게 차지하지 않도록 설계된 지표로, 자산 팽창을 억제할 목적이었다. 둘째, 순부채(총부채-현금)를 주주 자본의 100% 미만으로 낮춰야 했다. 이는 자기자본 대비 외부 차입 의존도를 낮추기 위한 것으로, 개발사의 재무 건전성을 유지하게 할 목적이었다. 셋째, 현금 보유액이 단기 부채의 100% 이상이어야 했다. 이는 유동성 확보를 위한 것으로, 단기 상환 압박을 완화하기 위한 목적이었다. 중국 정부는 이 세 가지 기준을 모두 충족한 '녹색' 개발사는 연간 부채를 15%까지 늘릴 수 있게 허락해 주었지만, 하나라도 초과하면 '황색'으로 분류되어 증가 한도가 줄어들고, 세 가지 모두 초과하면 '적색'으로 분류되어 신규 부채가 금지되었다.

의도는 좋았지만, 정책 시행 후 중국 부동산 시장은 급격한 위축을 겪기 시작했다. 2021년부터 주택 판매와 투자 감소(2021년 3분기 토지 거래 6% 하락, 2022년 1분기 17.5% 하락)를 초래했다. 부동산 산업이 중국 GDP에서 직접적으로는 24%, 광범위하게는 30% 비중을 차지하는 만큼, 실물경제에도 치명적 결과가 발생했다. 2022년 한 해에만 GDP 성장률을 2.5%p 하락시켰다. 개발사들의 과도한 부채를 통제하려던 시도는 유동성 위기도 불러왔다. 개발사들의 자금 조달이 어려워지면서 2021년 세계 최대 부채 개발사로 불리던 헝다Evergrande가 파산했다. 헝다는 2021년 9월과 12월 채권 이자 지불을 놓치며 디폴트 상태에 빠졌고, 피치Fitch 등 신용평가사로부터 '제한적 디폴트restricted default' 등급을 받았다. 3000억 달러(약 400조 원)를 초과한 것으로 추정되던 총부채는 2022년 보고서에서 2750억 달러로 공식화되었으나, 실제로는 4500억 달러에 달했다고 한다. 이 사건은 '3대 적자 규제'로 인한 유동성 고갈이 직접적 원인이었다. 헝다는 이 규제를 모두 위반한 상태에서 대규모 차입을 유지해 왔으며, 규제 시행 후 자금 조달이 차단되자 채권 상환에 실패했다.

헝다 파산을 시작으로 크고 작은 부동산 회사들의 디폴트가 연쇄적으로 발생했다. 50개 이상 개발사의 파산이 이어지며 은행 부실 대출과 신탁 부문(총자산의 10% 노출)을 위협했다.[11] 결국 중국 전체의 부동산 가격 폭락, 투자 위축, 지방정부 재정 파탄, 소비 심리 냉각으로 이어지는 '요란한 파열음'이 연이어 일어났다. 다음 그래프에서 부동산

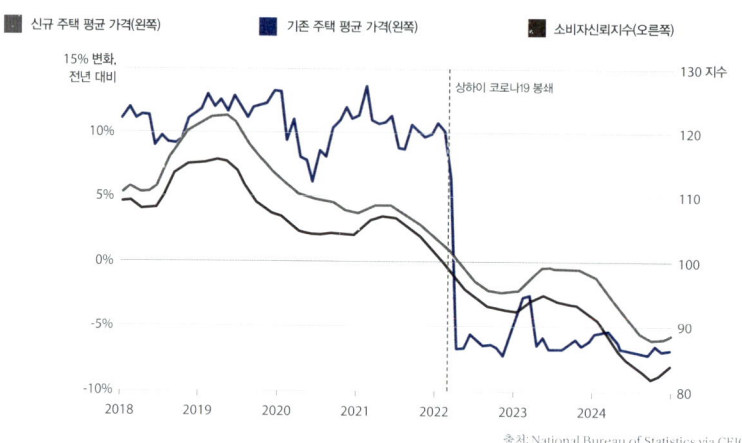

랜드 연구소의 중국 경제 분석(2025.2. 주택 가격과 소비자신뢰지수)

중국 소비자신뢰지수 하락은 코로나19 봉쇄 조치와 주택 가격 하락으로 시작됐다

신규 주택 평균 가격(왼쪽)　　기존 주택 평균 가격(왼쪽)　　소비자신뢰지수(오른쪽)

출처: National Bureau of Statistics via CEIC.

가격 폭락과 이로 인한 소비 침체를 확인할 수 있다. 2021년 10월 주요 도시 주택 가격이 2015년 4월 이후 처음으로 월간 하락을 기록했으며, 상위 100개 개발사의 판매량은 2023년 7월 기준으로 전년 대비 33% 감소했다. 2021년 디폴트 이후 4년간 신규 주택 판매량이 반토막 났다. 2021년 말까지 토지 거래량이 14.2% 감소하며 지방정부 수입(토지 판매 의존 30%)이 타격을 받았고, 이는 인프라 투자 위축으로 이어졌다. 결국 2021~2022년 성장률 저하가 발생했다.

중국 정부는 2021년 12월 인수합병 관련 차입을 기준에서 제외하고, 2023년 초 규제를 완화하며 시장 회복을 시도했으나, 2023년 8월

6일 비구이위안Country Garden의 디폴트 상황을 막지 못했다. 중국 최대 민간 개발사인 비구이위안은 2250만 달러 채권 쿠폰 지불을 놓치며 30일 유예 기간에 들어갔고, 10월 달러 채권 디폴트가 공식화되었다. 총부채는 1800억 달러에 달했으며, 2023년 상반기 67억 달러(약 9조 원) 손실을 기록했다. 2023년 9월 5일, 두 번째 디폴트 위기를 유예 기간 직전의 이자 지불로 회피했으나, 그 후로도 해외 채권 이자 1억 6200만 달러의 상환 압박이 지속되었다. 비구이위안이 위기에 빠진 원인은 팬데믹 후 경기 회복 부진과 소도시 수요 약화였다.

로이터에 따르면, 비구이위안은 헝다와 달리 과도한 차입이 아닌 부동산 경기침체로 인한 투자자·구매자 이탈이 원인이었다.[12] 비구이위안의 주식·채권 투자자 손실은 헝다보다 광범위했다. 비구이위안은 농촌 도시 프로젝트를 중심으로 중국 성장의 '엔진' 역할을 했기 때문에, 디폴트는 은행 시스템 유출 가능성을 높였다. 중국 경제에서 부동산 부문의 GDP 기여도도 2018년 24%에서 2024년 19%로 하락했다. 고용 충격도 컸다. 2023년 중국 대학 졸업생 중에서 5분의 1이 일자리를 찾지 못했으며, 부동산 관련 실업이 증가했다. 2023년, 중국 정부는 다급한 마음에 모기지 금리 인하와 선호 대출 확대를 실시했다. 효과는 미미했다. 은행의 지급준비율을 낮추고 기준금리를 내리는 등 유동성 공급에도 사활을 걸었지만, 백약이 무효했다. 바안커Vanke 등 국유 개발사도 2024년 495억 위안 손실을 기록했다. 2024년 10월, 중국 정부는 부동산 '바닥 확인^{bottomed out}'을 선언했고 2025년 부채 재구조화(1.2조 위안 청산)를 단행했다. 하지만 2025년 현재까지도 위기는 여전하다. 신규 주택 가격은 2023년 5월 이후 20개월 연속 하락했으며, 2025년 6월 기준으로 주요 도시(베이징, 상하이 등)에서 5~10% 추가 하락을 기록했다. 미완성 부동산 개발 프로젝트와 빈 주택(6000~8000만 채) 문제는 해결 불가 지경에 빠졌다. 중국 부동산 개발사들의 누적 부채는 2024년 말 기준 약 2조 달러(약 2경 6300조 원)에 달하며, 2025년에도 디폴트 사례가 계속되었다. CNBC도 2025년 9월 중국의 고정자산투자^{FAI}가 0.5%로 급감한 것을 거론하면서, 중국 부동산 슬럼프가 개선되기는커녕 악화되고 있다고 꼬집었다.[13]

수많은 가계와 기업도 '재무적 좀비^{financial zombie}'가 되어버린 상태다. 갚아야 할 빚보다 자산의 가치가 적어지는 '언더워터^{underwater}' 상태가 보편화되었다. 한때 중산층의 꿈과 부의 상징이었던 아파트는 미래의 소비 여력을 옭아매는 거대한 족쇄로 전락했다. 2025년 6월 말 기준, 중국의 총사회융자규모(중국 경제의 총신용을 측정하는, 가장 널리 사용되는 지표)는 430조 2000억 위안으로 전년 대비 8.9% 증가했는데, 같은 기간에 명목 GDP는 4.1%만 성장했다. 그 결과, 중국의 총사회융자규모는 2024년 말 GDP 대비 303%에서 6개월 후 309%로 상승했다.

IMF도 중국의 부채가 너무 빠르게 증가하고 있으며, 2008년 이후 전 세계 경제의 GDP 대비 부채 비율 증가분의 절반 이상을 차지하고 있다고 분석했다.[14]

마치 일본이 '잃어버린 20년' 동안 겪었던 '자산-부채 불황balance sheet recession'이 이제 중국에서 본격화된 듯한 모습이다. 자산-부채 불황이 오면, 소비자들은 돈이 생겨도 소비하지 않고 빚을 갚고, 기업은 대출 문턱이 낮아져도 신규 투자를 하지 않는다. 성장을 위한 투자는 사치가 되고, 오직 빚을 갚기 위한 생존만이 유일한 목표가 되는 경제, 돈이 돌지 않는 경제로 전락한다. 이것이 2026년 중국이 마주할 현실이다. 골드만 삭스는 2025년 6월 보고서에서 중국 주택 가격이 지난 4년간 20% 하락했으며, 2027년까지 추가로 10% 하락한 후 바닥을 칠 것으로 전망했다.[15] 특단의 추가 대책이 나오지 않으면, 2020년 시작된 중국 부동산 위기가 2026년에는 중국 경제의 시스템적 위험으로 확장될 수도 있다.

두 번째 덫: 지방정부의 핵심 수입원 급감과 재정 파탄

2022년, 중국 지방정부의 토지 판매 수입이 23% 줄어 6.7조 위안

(약 1300조 원)으로 떨어졌다. '죽음의 나선death spiral'의 작동 시작이었다. 헝다의 몰락 이후 4년간 주택 가격, 판매, 투자, 건설 활동이 전반적으로 하락세를 보이자, 위기는 재정·금융 부문으로 확대되었고, 토지 재정 의존도가 높은 지방정부에게는 주택 가격 하락이 치명적이었다. 전문가들은 중국인 자산의 70%가 부동산에 묶여있고, 지방 수입 40%가 부동산에 의존하고 있다고 추정한다. 부동산 붕괴는 지방정부의 '토지 재정land finance' 모델을 무너뜨리며, 재정 파탄을 초래했다. 중국 지방정부는 토지 매각으로 수입의 40%를 충당해 왔으나, 2025년 상반기 토지 판매 수익은 전년 대비 30% 이상 급감했다. 아래 그래프는 미국

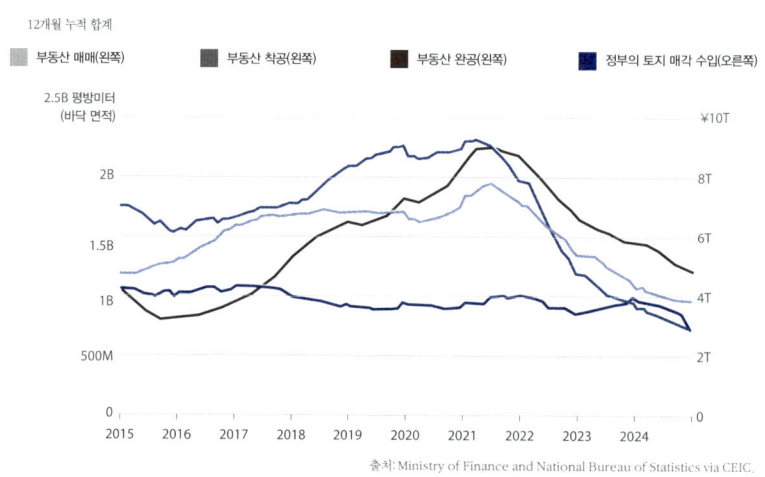

랜드 연구소의 중국 경제 분석(2025.2. 부동산 부문)
중국의 극적인 부동산 부문 축소

12개월 누적 합계

- 부동산 매매(왼쪽)
- 부동산 착공(왼쪽)
- 부동산 완공(왼쪽)
- 정부의 토지 매각 수입(오른쪽)

출처: Ministry of Finance and National Bureau of Statistics via CEIC.

의 랜드 연구소RAND가 분석한 자료다. 부동산 관련 지표가 줄줄이 하락함과 동시에 정부의 수입도 동반 하락했다.[16]

2024년 말 기준, 중국 지방정부의 공식 부채는 48조 위안에 달하며, 지방정부 융자 플랫폼Local Government Financing Vehicle, LGFV 부채는 60조 위안 이상으로 추정된다. 중국 지방정부는 인프라 건설 등을 위한 자금을 조달하기 위해 'LGFV'라는 특수목적법인을 설립했다. 중국 법률상 지방정부가 직접 채권을 발행하거나 은행 대출을 받는 것이 제한받기 때문에, 이를 우회하기 위해 만들어진 구조다. LGFV의 문제는 낮은 수익성이다. 지방정부가 발주한 수많은 프로젝트가 충분한 수익을 창출하지 못했다. 지방정부의 상환 능력도 문제다. 지방정부는 토지 매각 수입에 의존하는데, 부동산 시장 침체로 상환에 어려움을 겪고 있다. 더 큰 문제는 LGFV 부채의 정확한 규모를 파악하기 어렵다는 것이다. 일부에서는 많게는 수조 달러 규모로 추정하고 있다. 그래서 LGFV 부채는 중국 금융 시스템의 주요 리스크 요인 중 하나다.

중국 정부는 지방정부를 구제하기 위해 전례 없는 10조 위안의 지원 패키지를 발표했다. 지방정부도 2024년에 평균 15%의 투자를 대폭 삭감했고, 구이저우성貴州省와 윈난성雲南省 같은 일부 지역에서는 25%나 삭감했다.[17] 하지만 '언 발에 오줌 누기'에 불과했다. 공식 통화 및 금융기관 포럼OMFIF은 2025년 3월 부채 상한 인상에도 지방 부채 비중이

GDP의 60%를 초과했다고 보도했다.[18]

지방정부의 인프라 투자 중단과 공공 서비스 축소는 실물경제 동력의 마비와 사회 불안을 낳는다. 재정적 압박을 받는 지방정부는 공무원 급여 지연, 버스 노선 축소, 의료 보장 삭감을 단행하고 있다. 이는 당연히 조직 불안으로 이어진다. 2025년 허난성河南省 등 일부 지방에서 공무원들이 2~3개월 급여를 받지 못한 사례가 보고되었으며, 외국 출장 제한이 강화되었다. 사회 안정을 최우선으로 두는 중국 공산당의 원칙에 비추어 보면, 핵심 인력의 불만 확산은 딜레마다.

문제는 또 다른 문제를 낳는다. 부채에 짓눌린 지방 지도자들은 일자리와 수익 감소라는 이중고를 피하기 위해 기업에 세금 감면과 보조금 혜택을 주면서 억지로 공장을 가동시키고 있다. '정부 돈 따먹기' 노름도 속출한다. 예를 들어, 2025년 광둥성廣東省 일부 지역에서 시장성과 무관한 공장 설립에 자금을 투입해 실적을 부풀렸다는 보도가 나왔다.

지방 재정 파탄은 지방 경제에도 연쇄반응을 일으키고 있다. NBS에 따르면, 2025년 1~8월 고정자산투자FAI는 2조 8822억 9천만 위안으로 전년 대비 0.5% 증가에 그쳤으며, 8월 증가율은 0%대로 추락했다. 트레이딩 이코노믹스Trading Economics는 2025년 8월 FAI 증가율이 0.5%로 7월 1.6%에서 급감했다고 보고했다.[19] 블룸버그Bloomberg도 2025년 9월 경제 둔화로 산업 생산과 소비가 최악을 기록하며, 인프라 투자가 위축되었다고 분석했다.[20] PwC 중국 경제 분기 보고서를 보면, 2025년 상반기 FAI는 2.8% 증가에 그쳐서, 1분기 4.2%보다 둔화되었으며, 비정부 투자(민간)도 2.3% 하락했다.[21] 지방정부의 현금 부족이 이렇게 심각한 상황인데, 중국 정부가 내세우는 새로운 5개년 계획으로 해결될 수 있을지 의문이다.

▨ 세 번째 덫: 성장 동력 마비와 체제 불안의 딜레마

부동산 시장 붕괴라는 첫 번째 덫과 지방정부 재정 파탄이라는 두 번째 덫이 중국 경제의 현재를 갉아먹는 급성 질환이라면, 세 번째 덫은 중국의 미래 자체를 소멸시키는 만성적이고 구조적인 질병이다. 그것은 바로 '차이나 피크China peak'의 현실화로, 명목 GDP 숫자에서 확연히 나타난다. 과거 10%대 고성장을 자랑하던 '세계의 공장'은 이제 구조적 제약 속에서 잠재성장률이 4%대 초반으로 추락하는 중이다. 중국이 미국을 추월해 세계 최강대국이 될 것이라는 '중국몽'이 정점을 찍고 이제 쇠퇴의 길로 접어들었다는 사실을 몇몇 반중 학자의 주장이라고만 치부할 수 없다. 중국 경제의 정점 도래, 잠재성장률의 구조적 하락과 장기 저성장을 가리키는 '차이나 피크'는 더 이상 서구의 희망 섞인 예측이 아닌, 중국이 마주한 냉혹한 현실 데이터를 기반으로 한다.

세계은행이 발표한 2025년 1월 글로벌 경제 전망[GEP] 보고서에 따르면, 중국의 2025년 성장률은 4.5%, 2026년 4.0%로 둔화될 전망이며, 이는 국내 수요 약화와 부채 부담이 원인이라고 평가했다.[22] IMF의 2024년 보고서도 중국의 중장기(2025~2030년) 평균 성장률을 3.8%로 하향 조정하며, 인구 고령화(노동 공급 감소 0.5%p)와 생산성 둔화(기술 통제 영향 0.3%p)가 주요 요인이라고 분석했다.[23] 카네기 재단의 2025년 5월 보고서는 주요 글로벌 은행들이 2025년 중국의 성장 전망을 5% 목표치 이하로 낮추었다고 언급하며, 부동산·소비 부진이 구조적이라고 지적했다.[24] 2025년, 랜드 연구소[RAND]도 "오늘날, 우리는 중국 경제에 대한 두 가지의 상반된 이야기를 듣는다. 하나는 경제 쇠퇴에 관한 것이고, 다른 하나는 중국의 성장하는 기술력에 관한 것이다. 비록 이 이야기들이 모순적으로 보이지만, 둘 다 사실이다."라는 말을 했다. 그러면서 이렇게 말을 이어갔다. "중국의 첨단 기술 산업은 전체 경제의 작은 비중에 불과하다. '신경제[new economy]'를 형성하는 첨단 기술 부문은 실제로 성장하고 있지만, GDP 성장과 같은 주요 지표를 짓누르는 '구경제[old economy]'의 전반적인 약점을 상쇄할 만큼 크지 않다." 더불어, 중국 경제가 신경제로 전환 중이지만, 구경제(부동산·인프라)

붕괴로 잠재성장률이 3%대로 추락할 수 있다고 경고했다.[25]

중국 경제성장률의 하락은 다양한 요인들의 영향을 받는다. 예를 들어, 부채는 투자 효율성을 떨어뜨려 총요소생산성**TFP**를 1%p 억제하고, 인구 감소는 노동 투입을 줄여 성장률을 0.7%p 끌어내린다. 브뤼겔**Bruegel**의 2025년 6월 분석에서는 중국 정부가 제시한 10대 핵심 과제 중에서 중국의 5% 성장 안정화 조치가 불충분하다고 비판하며, 2025년 실제 성장이 4% 미만일 가능성을 제기한다. 경제학 관측소**Economics Observatory**의 2025년 5월 기사는 4~5% 성장이 '부러운' 수준이지만, 장기 둔화가 불가피하다고 강조한다. '랜드 연구소의 중국 경제 분석' 그

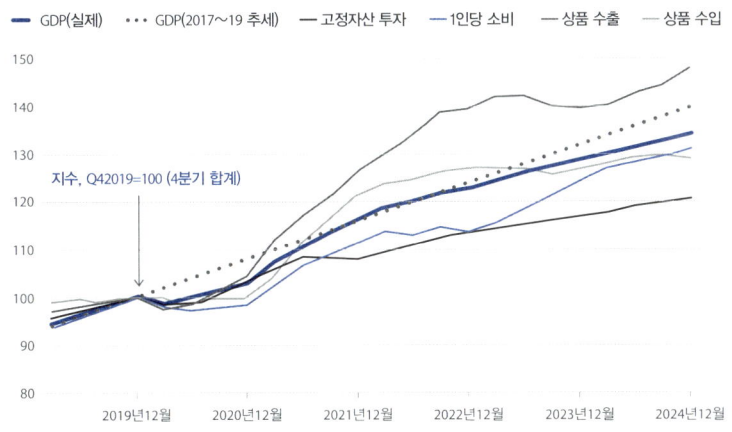

랜드 연구소의 중국 경제 분석(2025.2. 소비·수출·투자)

중국의 수출은 증가했고, 소비는 더 느렸고, 투자는 감소했다

참고: 지수는 위안화 명목 가치를 기준으로 계산. 보고된 성장률을 기반으로 한 고정 자산 투자 가치.

출처: CEIC를 통한 관세청 및 국가통계국.

래프들을 살펴보자.

첫 번째 그래프는 '중국의 성장은 수출 의존 심화·내수(소비·투자) 부진'이라는 메시지를 아주 또렷하게 시각화한 도표다. 기준은 팬데믹 직전 수준을 100으로 두고 그 이후의 흐름을 비교했다. 단위는 위안화 기준 '명목' 값이고(하단 주석의 '명목 가치 기준'에 유의—물가가 약하면 명목 지표가 실제보다 더 낮게 보일 수 있음), 시계열은 2019년 12월부터 2024년 12월까지다. 6개의 선은 ① GDP(실제), ② GDP(2017~2019년 추세선, '잠재 경로'), ③ 고정자산투자FAI, ④ 1인당 소비, ⑤ 상품 수출, ⑥ 상품 수입이다.

중국의 상품 수출은 2021년부터 가파른 회복 → 2022년 140 근처 급등 → 2023년 약간 쉬었다가 2024년 말 150 안팎을 보였다. 수출이 전체 지표를 끌어올린 1등 공신이라는 말이다. 반면, 상품 수입은 2021년 회복 후 완만한 상승(최종 135~140)을 했지만 수출만큼 강하지 않았다. GDP(실제)도 완만한 회복 경사를 보였지만, GDP 추세선(점선)을 하회하고 있다. 즉, 팬데믹 이후 누적 성장 손실을 계속 보인다. 1인당 소비도 2021년에 반등했지만 이후 느리고 완만한 상승(122~125대)을 보일 뿐이다. 즉, 가계가 지갑을 크게 열지 못하고 있다(소비 회복 지연). 고정자산투자FAI 역시 2021년 반짝 상승한 이후 정체·약화 구간에 있다. 명목 기준인데도 탄력이 매우 약한 상태다. 이 모든 지표는 앞에서 분석했던 부동산 문제와 지방 재정 문제가 여실히 반영된 결과다. 결국 이 그래프는 '중국의 수출은 증가했고, 소비는 더 느렸고, 투자는 감소'했으며, '수출이 경제를 끌고 가지만 내수가 부진해서, 실제 성장은 잠재 경로를 따라잡지 못했음'을 말해주고 있다.

두 번째 그래프는 중국 경제에서 '신경제(새로운 산업 · 비즈니스 · 모델)'의 기여도가 기대보다 작다는 점을 강조한다. 중국 경제성장의 주축은 여전히 기존 산업 · 투자 중심이다. 2020년에는 코로나 충격으로 GDP 성장률이 급락했고, 신경제 기여도도 급감했다. 2021년,

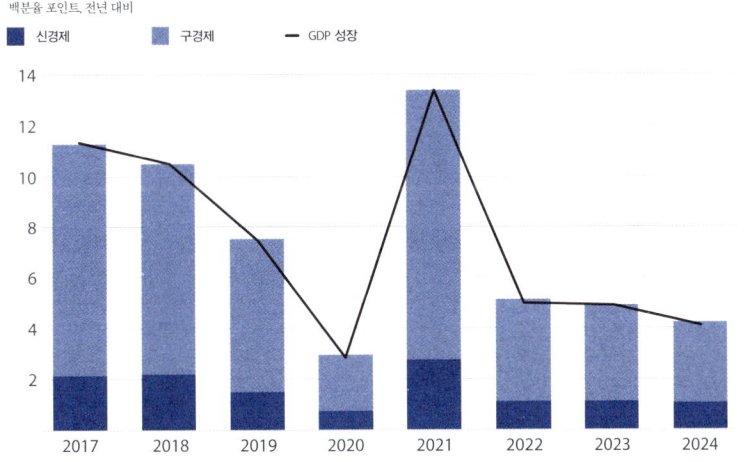

랜드 연구소의 중국 경제 분석(2025.2. 신경제 · 구경제)

중국의 신경제는 구경제보다 성장 기여도가 낮다

백분율 포인트, 전년 대비
■ 신경제   ■ 구경제   — GDP 성장

참고: 국가통계국의 '세 가지 새로운' 활동에 의해 정의된 '신경제'는 새로운 산업, 새로운 비즈니스 및 새로운 비즈니스 모델로 인한 부가가치. 2021~2023 추세를 기준으로 2024년 추정된 '신경제' 부가가치.

출처: CEIC를 통한 국가통계국.

리오프닝으로 중국 경제가 반짝 반등(성장률 12% 이상)했고, 이때에 신경제 기여도도 회복됐지만, 절대 규모는 여전히 기존 경제가 압도했다. 즉, 신경제가 주도했다기보단 기존 제조·수출 중심의 경기 리바운드였다는 의미다. 2022~2024년에는 GDP 성장률이 점진적 둔화(5% → 4%대) 단계로 진입했고, 신경제 기여도는 1%대에서 정체를 보이고 있다. 즉, 전체 성장 둔화 국면에서도 신경제가 '구세주 역할'을 못한 채, 여전히 비중이 작다는 말이다.

결국 중국의 신경제 비중은 2017년 이후 꾸준히 존재했지만 GDP 성장률의 주요 변수가 되지 못하고 있다. 2024년에도 중국 경제는 제조업·부동산·수출 중심의 구경제 의존 구조가 고착되어 있다. AI, 반도체 등을 외치지만, 중국 정부가 강조해 온 '신산업·신업태·신모델' 전략(디지털 경제, AI, 반도체, 녹색산업, 신에너지 자동차 등)이 거시 성장률을 지탱하기에는 아직 미약하다. 중국 정부가 '소비 진작+신경제 육성'을 지속적으로 내세우지만 실제 파급은 느리며, 미국과 중국 사이의 글로벌 밸류체인·신산업 경쟁 구도(전기차·AI·태양광)는 격화되고 있지만 중국 거시 성장률은 여전히 구경제가 좌우하는 상황이다. 결론적으로, 중국의 신경제는 2020년대 초반에도 아직 '보조 엔진' 수준이기 때문에, 구경제가 꺼지면 성장률이 곤두박질치는 구조가 지속된다는 말이다.

랜드 연구소의 중국 경제 분석(2025.2. GDP 성장 구성)

중국의 성장이 하향 이동했다

백분율 포인트, 전년 대비

■ 소비액 ■ 투자 대상 ■ 순수출 — GDP 성장

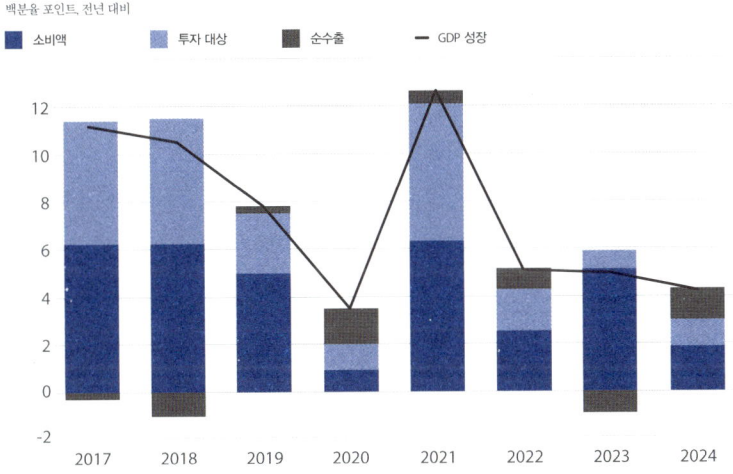

참고: 실제 기준으로 보고된 기여도를 기반으로 2024년으로 추정된 성장 구성.

출처: CEIC를 통한 국가통계국.

랜드 연구소의 중국 경제 분석(2025.2. GDP 성장 구성)

중국 GDP는 더 이상 미국을 따라잡지 못한다

미국 부가가치 대비 중국 부가가치 비중 (현재 미국 달러 기준)

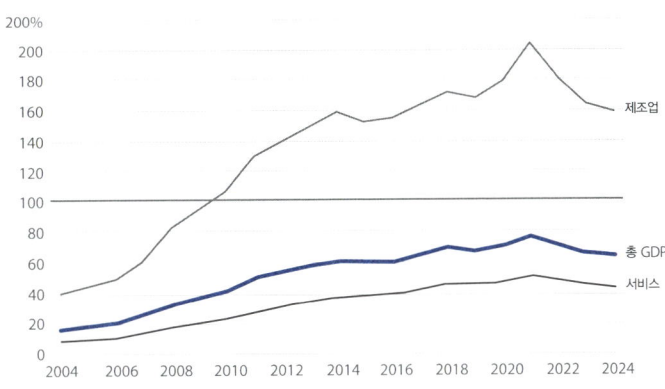

출처: Bureau of Economic Analysis (United States) and National Bureau of Statistics (China) via CEIC.

그리고 세 번째와 네 번째의 그래프도 살펴보자. 결국 중국의 성장은 하향 이동 중이고, 오히려 미국과 격차가 더 벌어지면서 미국을 추월할 것이라는 '중국몽'은 처참하게 무너지고 있음을 나타내고 있다.

중국 경제가 당분간 반전을 꾀하기도 어려운 이유가 있다. 중국 경제의 발목을 잡는 네 가지 구조적 족쇄들 때문이다. 첫 번째 족쇄는 인구 절벽이다. 이는 곧 줄어드는 생산자와 소비자를 의미한다. 중국 국가통계국에 따르면, 중국 인구는 2022년에 이어 2023년에도 2년 연속 감소하여 약 208만 명이 줄었다.[26] 2024년에는 '용의 해' 효과와 코로나19 이후 미뤄졌던 결혼 증가 등으로 출생아 수가 소폭 반등했지만, 사망자 수가 출생아 수를 초과하면서 인구는 139만 명 감소하여, 3년 연속 감소세를 이어갔다. 유엔도 중국의 생산가능인구(15~64세)가 2020

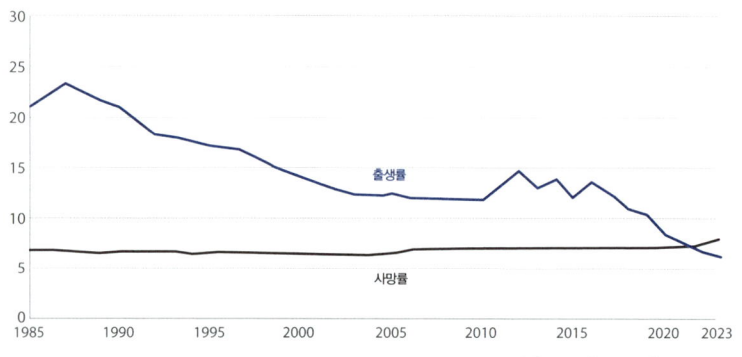

중국 출생률 및 사망률(1,000명당, 1985~2023)

중국의 인구 감소는 되돌릴 수 없는 지점에 가까워지고 있다

출처: National Bureau of Statistics, China.

년대에 정점을 찍고 급격히 감소할 것으로 예측했다. 이는 노동력 감소로 인한 생산성 저하뿐만 아니라, 미래의 소비 주체 자체가 줄어든다는 것을 의미한다. 노령 인구 부양을 위한 사회적 비용 증가는 이미 재정 파탄에 직면한 지방정부에 감당할 수 없는 부담을 안겨주고 있다.[27]

두 번째 족쇄는 미국의 기술 통제다. 앞에서 분석했듯, 중국 경제성장률에서 신산업이 차지하는 비중은 미미하다. 미국의 제재가 가장 큰 이유다. 미국 상무부는 2022년 10월 7일, 중국이 첨단 반도체와 슈퍼컴퓨터를 획득하거나 개발·생산하는 것을 막기 위한 포괄적인 수출 통제 조치를 발표했다. 단순히 특정 기업을 제재하는 것을 넘어, 14나노미터 또는 16나노미터 이하의 첨단 반도체 기술·장비·소프트웨어는 물론, 미국인의 관련 분야 지원까지 원천 차단하는 것을 목표로 했다. 이 조치는 AI, 자율주행, 우주항공 등 중국이 미래 성장 동력으로 삼고 있는 첨단 산업의 발전을 근본적으로 방해했다. '세계의 공장'에서 '기술 강국'으로 도약하려던 중국의 계획에 제동이 걸리면서, 생산성 향상을 통한 잠재성장률 제고의 길이 막힌 상태다.

세 번째 족쇄는 공급망 이전(탈중국화)의 영향이다. 오랫동안 미국과 서방이 중국을 집요하게 견제하고, 인건비는 상승하고, 중국 내수 경제가 흔들리자, 결국 자본과 기술이 중국을 탈출하고 있다. 코로나19 팬데믹을 거치며 공급망의 지정학적 리스크가 부각되었고, 미중 갈등이 격화되면서 글로벌 기업들은 '차이나 플러스 원China+1' 전략을 넘어 적극적인 '탈리스크de-risking'에 나서고 있다. 외국인직접투자FDI는 이러한 흐름을 명확히 보여준다. 중국 상무부 통계에 따르면 2023년 중국에 대한 FDI는 전년 대비 13.7% 감소했다.[28] 글로벌 자본과 기술, 그리고 양질의 일자리가 베트남, 인도, 멕시코 등 다른 나라로 이전되고 있음을 의미한다.

네 번째 족쇄는 부채의 덫이다. 과거의 영광이 미래의 발목을 잡는 형국이다. 앞에서 분석한 부동산과 지방정부 부채라는 거대한 덫이 중국의 미래 성장을 위한 투자의 여력을 소진시키고 있다. 막대한 부채는 기업과 가계가 새로운 투자나 소비 대신 빚을 갚는 데 집중하게 만들고(자산-부채 불황), 금융 시스템의 불안정성을 높여 자금 조달 비용을 증가시킨다. 이는 경제 전반의 활력을 떨어뜨리고, 새로운 성장 동력을 찾아야 할 시점에 오히려 과거의 부실을 처리하는 데 모든 자원을 쏟아붓게 만드는 악순환을 낳고 있다.

만약 중국 정부가 앞으로 5~10년 안에 경제적 침체를 반전시키는 데 성공하지 못하면 어떻게 될까? 경제는 중국 공산당의 통치 정당성과 직결되는 매우 민감한 문제다. 덩샤오핑鄧小平 시대 이후 공산당이 중국 인민과 맺어온 암묵적인 '사회적 계약'의 핵심은 '정치적 자유를 포기하는 대신, 경제적 풍요를 보장한다'라는 것이었다. 그러나 경제성장이 멈추고, 오히려 자산 가치가 하락하며 청년들의 미래가 암울해진다면 이 계약의 기반 자체가 흔들리게 된다.

중국 시진핑 위기설은 소설일까?

2023년 6월, 중국의 청년 실업률(16~24세)은 21.3%로 사상 최고치를 기록한 후 당국이 돌연 통계 발표를 중단하는 사태가 벌어졌다. 이후 학생을 제외하는 방식으로 통계 기준을 변경하여 발표를 재개했지만, 2024년 8월에는 새로운 기준으로도 18.8%라는 높은 수치를 기록했다. 이 수치기 의미히는 것은 분명히다. 매년 쏟아져 나오는 천만 명 이상의 대졸자들이 양질의 일자리를 찾지 못하고 사회에 대한 불만이 커지고 있다는 말이다. 이미 중국 공산당은 부동산 시장 대침체로 수십 년간 부를 축적해 온 중국 중산층의 자산에 충격을 주었다. 중산층은 심각한 박탈감에 빠졌고, 이는 소비 심리를 위축시키는 것을 넘어, 공산당의 통치 아래에서는 자신의 재산을 안전하게 지킬 수 없다는 불안감을 갖게 했다.

헌법을 바꿔서 장기 집권을 시도 중인 시진핑 주석이라도 경제성장이라는 약속을 더 이상 지킬 수 없게 되면 정권의 정당성을 유지하기 힘들다. 결국 시진핑은 새로운 돌파구로 '경제'가 아닌 '안보'를 선택하여 민심을 바꾸려고 노력했다. 2014년, 시진핑 주석은 '총체적 국가 안보관Comprehensive National Security Concept'을 제시하고, 전통적 안보 개념을 정치·군사·영토 이슈를 넘어 경제·사회·과학기술·사이버·데이터 등 비전통적 안보 영역까지 확장시켰다.[29] 최근 몇 년간 개정된 반간첩법, 데이터보안법 등도 이러한 기조가 반영된 것이며, 경제 활동과 사회 전반에 대한 국가의 통제도 극도로 강화했다. "발전과 안보의 통합統籌發展和安全"이라는 구호 아래, 사실상 '안보'가 '발전'을 압도하는 국정 운영 패러다임의 전환을 시도한 셈이다.

그러나 이러한 '안보 국가'로의 전환은 중국 경제를 더 치명적인 상황으로 밀어넣는 부작용을 낳았다. 예를 들어, 예측 불가능한 규제 환경과 반간첩법 등으로 경영 리스크가 증가하자 외국 기업들의 탈중국 현상이 더욱 심해졌다. 중국 당국은 미국 컨설팅 회사 민츠 그룹Mintz, 베인앤컴퍼니Bain & Company 등에 대한 갑작스러운 압수수색을 벌이기도 했는데, 이런 행동은 외국인 투자자들에게 중국이 더 이상 안전한 투자처가 아니라는 강력한 신호를 주었다. '공동 부유' 기치 아래 진행된 빅테크, 사교육 산업에 대한 대대적인 규제도 중국 민간 기업의 혁신 동력과 기업가 정신을 위축시켰다. 국가 안보를 명분으로 한 통제 강화는 기업들이 자유로운 경영 활동 대신 당국의 눈치를 보게 만들어 경제 전반의 효율성을 떨어뜨렸다.

이런 일들이 쌓이면서, 중국 내부에서 사회적 불만은 더욱 커져갔고, 2025년에는 시진핑 주석의 권력 약화, 반시진핑 조짐으로까지 확산되었다. 2024~2025년 내내 중국 내부에서 일어나는 시진핑 측근들을 대상으로 하는 수위 높은 군부 숙청, 중국 군부 내 혼란, 고위 관료의 이례적인 행보, 시진핑 주석이 간간이 공식 석상에서 장기간 모습을 감추는 일, 그리고 중국 고위급에서 진행되는 주요 정치 일정의 지연 등 여러 징후들이 시진핑 주석의 권력 약화를 의미한다는 주장이 제기되었기 때문이다. 물론 상당수의 중국 전문가들은 이런 사건들은 '오히려' 시진핑 주석의 권력이 여전히 강력하다는 의미라고 해석한다. 틀린 말은 아니다. 숙청된 인물들이 예사롭지 않고 규모도 상식을 넘어서기 때문이다.

먼저, 시진핑의 최측근이자 '그림자 이인자'로 불리며 비서실장 역할을 하던 차이치蔡奇가 갑자기 사라졌다. 군부 이인자였던 쉬치량許其亮 전 중앙군사위원회 부주석이 75세의 나이로 돌연 사망했다. 쉬치량은 시진핑이 군권을 장악하는 데 1등 공신이었고 20년 지기 최측근으로 알려져 있다. 중국 공산당 군사위원회 위원이자 시진핑의 가장 신뢰하는 인물 중 한 명인 먀오화苗華도 숙청이 공식화되었다. 중앙군사위원회 부주석이자 시진핑의 핵심 측근인 허웨이둥何衛東도 행방이 묘연하며 자살

설까지 나왔다. 그는 대만 문제를 주관하는 부주석으로 알려져 있었다. 리상푸李尚福 전 국방부장관과 웨이펑허魏鳳和 전전 국방부장관이 숙청당했다. 시진핑의 호위 무사이자 군 인사권을 장악하는 데 핵심적인 역할을 했던 중사오쥔鍾紹軍도 중앙군사위원회 판공실에서 밀려났다.

시진핑의 권력 견제 및 강화설을 주장하는 전문가들은, 군부 내 권력투쟁으로 보이는 숙청 작업들이 시진핑이 오히려 자신의 통제력을 강화하려는 큰 그림 혹은 절대적인 권력을 과시하는 퍼포먼스일 수 있다는 분석을 한다. 먀오화처럼 시진핑의 충성파였던 인물까지 숙청하는 것은 누구든 자신의 권력에 대항하면 가차 없이 숙청되거나 배제될 수 있음을 보여주기 때문이다. 군부의 부패 척결도 시진핑의 군 개혁 의지를 보여주는 것이며, 특히 로켓군과 같은 핵심 부대까지도 부패를 들추어내기 때문에 군 전체를 통제할 명분이 생긴다는 해석이다. 시진핑이 군대 내부의 파벌 형성을 막기 위해 숙청을 진행하는 것일 수도 있다고 말한다. 그리고 중국 군대는 독특한 이중 지도 체제(정치위원) 때문에 군사 쿠데타가 어렵다고 잘라 말한다. 중국 시진핑 위기설은 '소설'이라고까지 장담한다. 일리가 없지는 않다.

하지만 그렇게만 단정하기에는 시진핑이 자신의 측근들을 숙청하는 규모가 '읍참마속'의 수준을 넘어선다는 점에 주의해야 한다. 그리고 중국이 단기간에 빠져나오기 어려운 '악순환의 고리'에 빠진 것도 감안해야 한다. 2025년 현재, 중국은 '경제성장 둔화(차이나 피크) → 사회적 불만 증가 → 정권 안정성 위협 → 국가 안보 및 통제 강화 → 경제 활력 추가 저하 → 성장률 추가 하락'이라는 자기 파괴적인 메커니즘에 빠져 있다. 2026년에도 이런 악순환은 쉽게 멈출 것 같지 않는다. 그래서 필자의 판단으로는, 시진핑 주위에서 일어나는 일련의 의아한 사건들은 시진핑의 권력이 약화되고 있는 신호 혹은 최소한 심각한 권력투쟁이 벌어지고 있는 것으로 해석하는 것이 더 합리적이다. 그래서 2026년에 우리는, 멈춰버린 성장 엔진과 내부 통제의 강화라는 모순 속에서 흔들리는 거인 중국이 세계 경제에 어떤 충격파를 던질지 주시해야 한다.

3
유럽과 중국의 부채가 일으킬 쓰나미

유럽이 무너지면 미국도 안전하지 않다

앞에서 유럽과 중국이 맞닥뜨린 위기를 차례로 분석해 보았다. 두 지역의 경제위기는 지역 내의 문제로 그치지 않고 세계 경제를 무너뜨릴 쓰나미로 작용하게 될 것이다. 먼저 2026년 프랑스발 유로존 금융위기가 세계 경제에 미칠 영향을 생각해 보자.

프랑스의 금융위기 발발 트리거trigger는 무엇일까? 국제 신용평가사의 국가신용등급 강등, 프랑스 국채 입찰의 부분 미달 발생, 프랑스 주요 은행의 CDS 프리미엄 급등이 있다. 일단 프랑스에서 금융위기가 발발하면, 남유럽 국가를 무너뜨리고, 결국 유로존 전체의 신뢰 약화에 영향을 미칠 수 있다. 프랑스 은행이 자본 비율을 맞추기 위해 2.3조 달러에 달하는 해외 투자자금을 회수하면 위기의 불똥은 곧바로 영국과 미국으로 튄다. 영국은 지금 IMF 구제금융 이슈가 나오는 중이다.

이처럼 프랑스의 국가 부채 문제가 통제 불능 상태에 빠져 유로존 전체를 뒤흔드는 위기로 번지더라도, 많은 미국 투자자들은 이를 '강 건너 불'로 여길지도 모른다. 월스트리트는 뉴욕에 있고, S&P 500은 미국의 기업들로 채워져 있으니, 유럽의 문제는 유럽의 것일 뿐이라는 안일한 착각에 빠지기 쉽다. 그러나 이는 현대 글로벌 금융 시스템의 본질을 완전히 간과한, 가장 위험한 오판이다.

유로존 위기가 불거지면 두 가지의 파괴적인 경로, 즉 '매출의 증발 revenue evaporation'과 '금융 전염 financial contagion'을 통해 월스트리트를 강타할 것이다. S&P 500 기업 중 M7(매그니피슨트 7)을 제외한 493개 기업의 미국 이외 매출은 40~45%이다. M7 기업들의 해외 매출은 65%이다. 그런데 중국은 이미 소비 침체다. 2025년에는 중국 주식시장이 뒤늦은 AI 투자 바람을 타고 오랜만에 신바람을 냈지만, 작은 건수만 생기면 언제든지 다시 폭락할 수 있다. 이런 상황에서 프랑스까지 무너지면 유로존 전체와 영국이 공포에 휩싸이게 된다. 즉, 세계 소비시장에서 3분의 2을 차지하는 유럽 시장과 중국 시장이 순식간에 얼어붙고, M7 기업들의 매출 65%를 담당하는 해외 시장이 무너지는 셈이다. 유럽과 중국 경제가 깊은 침체에 빠지면 S&P 500 기업들의 총매출액 중 상당 부분이 구조적으로 감소할 수밖에 없다.

파리의 샹젤리제 거리에서 아이폰과 나이키 운동화가 팔리지 않고, 베를린의 운전자들이 테슬라 구매를 망설인다. 이는 애플, 나이키, 테슬라의 분기 실적에 직접적인 어닝 쇼크earning shock를 안겨준다. 유럽의 공장 가동률이 떨어지면 캐터필러의 건설 장비 수요가 줄고, 유럽 기업들의 자금 조달이 막히면 JP모건이나 골드만 삭스와 같은 투자은행의 수익도 감소한다. 유럽 기업들이 긴축에 돌입하면서 마이크로소프트의 클라우드 서비스와 구글의 광고 지출을 줄인다. 이는 M7의 핵심 성장 동력인 B2B(기업 간 거래) 사업 모델에 심각한 타격을 준다. 특히 애플(약 60%), 엔비디아(약 80% 이상)와 같이 글로벌 공급망과 소비 시장에 깊숙이 뿌리내린 기업들에게 유럽과 중국의 수요 붕괴는 치명적이다. 그리고 엔비디아의 매출 감소는 곧바로 AI 버블 붕괴 공포를 극대화시킬 것이다.

매출 감소보다 더 빠르고 파괴적인 충격은 금융 시스템을 통해 전염될 것이다. 2008년 리먼 브라더스 파산이 미국 내의 문제였음에도 전 세계를 위기로 몰아넣었듯, 프랑스 대형 은행(BNP 파리바, 소시에테 제네랄 등)의 부실 우려는 즉시 글로벌 금융 시스템의 신용 경색을 유발할 것이다. 이는 역사가 증명하고 있다. 2011년 유럽 국가 부채 위기 당시, 그리스의 채무 불이행 가능성이 제기되자 월스트리트는 공포에 휩싸였다. 그 이유는 미국 은행들이 유럽 은행들에 대해 얼마나 많은 익스포저(위험 노출액)를 가지고 있는지, 그리고 그 유럽 은행들은 다시 그리스, 이탈리아, 스페인 국채를 얼마나 보유하고 있는지 아무도 정확히 알 수 없었기 때문이다. 이 '불확실성'은 신뢰를 기반으로 작동하는 은행 간 대출 시장을 마비시켰고, 2011년 5월부터 10월까지 S&P 500 지수는 약 19%나 급락하는 극심한 변동성을 겪었다.

2026년의 위기는 2011년보다 훨씬 더 위험할 수 있다. 그리스는 유로존 경제의 변방이었지만, 프랑스는 독일과 함께 유로존을 이끄는 핵심 국가core country이기 때문이다. 프랑스 국채가 안전자산의 지위를 잃고 투기 등급으로 전락한다면, 이는 단순히 한 국가의 문제를 넘어 유로화라는 단일 통화 시스템과 유럽중앙은행ECB의 존립 자체에 대한 근본적인 의문까지 제기될 수 있다.

이러한 신뢰의 붕괴는 다음과 같은 연쇄반응을 통해 미국 시장을 덮칠 것이다. 미국 은행과 금융기관들은 프랑스 및 유럽 은행들과의 모든 거래를 중단하거나 극도로 꺼리게 된다. 이는 파생상품 시장을 마비시키고, 단기 자금 시장의 유동성을 고갈시킨다. 단기 금융상품에 투자하는 MMF들이 유럽계 은행이 발행한 기업어음CP을 대량으로 보유하고 있을 경우, 투자자들의 대규모 환매 사태(펀드런)가 발생할 수 있다. 이는 2008년 리먼 사태 당시 금융 시스템을 마비시킨 핵심 원인이었다. 투자자들은 어떤 기업이 유럽 리스크에 얼마나 노출되어 있는지 분석할 시간 없이, 일단 위험자산으로 분류되는 주식을 모두 팔고 보자는 '패닉 셀링panic selling'에 돌입한다. 이 과정에서 펀더멘털이 견고한 미국 내수 기업들마저 주가 폭락을 피할 수 없게 된다. 그래서 미국 경제에 있어서 프랑스발 위기는 단순한 외부 변수가 아니라 S&P 500의 근본적인 '성장 스토리' 자체를 파괴하는 내부 변수로 돌변할 수 있다. 유럽과 중국을 지나 미국 주식시장의 심장을 겨누는 정밀 유도 미사일이 될 수 있다.

중국발 수요 절벽, AI 버블을 터뜨리는 최후의 방아쇠

2026년, 중국 경제와 정치의 불안도 더 이상 유라시아 대륙 동쪽 끝에 국한된 지역 문제가 아니다. 전 세계 경제와 금융의 혈류를 막아버리는 거대한 색전塞栓이자, 기술주 버블이라는 심장마비를 유발하는 치명적인 트리거로 작동할 수도 있다. 중국이 금융위기에 빠지지 않더라도, 중국의 '자산-부채 불황'은 그 자체만으로 세계 경제와 미국 주식시장에 미치는 충격이 적지 않다. 경로는 두 가지다.

첫 번째 경로는 '글로벌 수요의 진공demand vacuum' 현상이다. 부동산 붕괴로 자산 가치가 폭락하고 미래에 대한 희망을 잃은 중국의 14억 소비자는 지갑을 닫는 중이다. 이런 행동은 '서서히' 미국 S&P 500 기업들의 대차대조표에 압력을 가할 것이다. 중국 시장에서 막대한 수익을 올리던 애플의 아이폰, 테슬라의 전기차, 나이키의 운동화, 스타벅스의 커피 판매량은 서서히 낙하한다. 독일의 자동차와 기계, 호주의 철광석, 브라질의 대두 수출도 서서히 감소하며 글로벌 경기침체의 공포를 키우는 촉매제로 작용할 수 있다. 이는 단순한 실적 악화를 넘어, '성장'이라는 단어가 사라진 시대라는 두려움을 주기에 충분하다.

두 번째 경로는 중국발 '디플레이션 쓰나미deflation tsunami'다. 내수 시장이 붕괴된 중국의 수많은 공장은 생존을 위해 생산품을 헐값에 해외로 밀어내기 시작했다. 트럼프의 관세로 전 세계 국가들이 수출에 타격을 받는 상황이다. 이런 상황에서 중국이 태양광 패널, 전기차 배터리, 철강, 화학제품을 헐값에 전 세계 시장에 쏟아내기 시작한 것이다. 대부분의 나라들이 미국의 관세, 중국의 가격파괴라는 이중 타격을 받을 수밖에 없다. 이는 인플레이션을 잡으려는 각국 중앙은행에는 단기적인 호재처럼 보일 수 있으나, 실제로는 글로벌 기업들의 수익성을 근본부터 파괴하는 독약이다. 내외부에서 가격 경쟁에서 밀린 기업과 제조업체들은 줄도산 위기에 처하게 된다. 이는 다시 실업률 증가와 소비 위축이라는 악순환으로 이어진다.

이 두 가지 충격은 1장에서 예고된 AI 버블 붕괴 위험에도 영향을 준다. AI 버블은 '미래의 무한한 성장 가능성'이라는 단 하나의 연료로 타오르는 불꽃이다. 하지만 중국발 수요 절벽과 디플레이션 쓰나미는 이 연료를 공급하는 파이프라인 자체를 끊어버릴 수 있다. 2026년 혹은 2027년, 미국 시장에서 AI 버블의 자체적 붕괴가 일어날 경우, 중국이 결정타를 날릴 수도 있다. AI 기술의 수익성 한계 등으로 버블이 자체적으로 꺼지기 시작하며 시장이 불안에 휩싸인다. 투자자들이 "이 정도 조정으로 끝날 것"이라는 막연한 희망을 품고 있을 때, 중국발 글로벌 경기침체라는 거대한 후폭풍이 덮친다. 이는 하락하는 시장에 회복의 기회 자체를 박탈해 버리는 '확인 사살'이다. AI 버블 붕괴로 인한 자산시장의 충격에, 실물경제의 붕괴라는 공포가 더해지며 단순한 조정을 넘어 2008년 금융위기에 버금가는 대폭락으로 이어지는 일이 벌어질 수도 있다.

2026년 중국을 주목해야 할 이유다. 중국의 부동산 위기는 그 자체로도 거대한 폭풍이지만, 그 진정한 파괴력은 AI 버블이라는 또 다른 폭풍과 만났을 때 드러난다. 2026년, 이 두 개의 거대한 폭풍은 서로를 증폭시키며 단일 위기와는 비교할 수 없는 파괴력의 '퍼펙트 스톰Perfect Storm'을 만들어낼 수도 있다. 경계를 늦추지 말라. 투자자들은 이 두 가지 위기를 결코 별개의 사건으로 봐서는 안 된다. 하나의 위기는 다른 하나의 뇌관이며, 두 뇌관은 이미 하나의 도화선으로 연결되어 있기 때문이다.

▨ 두 번째 폭풍을 피할 안전자산은?

그래도 살 길은 있다. 기업 실적과 금융 시스템이 동시에 붕괴하는 '퍼펙트 스톰' 상황에서, 글로벌 자금은 생존을 위해 필사적으로 안전한 항구를 찾아 이동한다. 투자 자산의 대격변이 발생하면, 최후의 보루인 미국 국채와 금의 가치가 폭등한다. 금 가격은 이미 높기 때문에, 상대적으로 낮은 미국 국채의 화려한 귀환이 일어날 수 있다.

역사적으로 글로벌 금융위기가 발생하면 독일 국채인 분트Bund, 미국 국채, 엔화가 대표적인 안전자산 역할을 해왔다. 그러나 2026년의 위기는 이 안전자산의 서열을 극명하게 재편할 것이다. 이번 위기의 진원지가 유로존의 핵심부인 프랑스이므로, 독일 국채는 과거와 같은 안전자산 지위를 누리기 어렵다. 프랑스를 구제하기 위해 독일이 막대한 재정적 부담을 져야 하거나, 최악의 경우 유로존이 붕괴하여 독일이 마르크화로 회귀할 수 있다는 '리디노미네이션 리스크redenomination risk' 소문이 난무할 수 있기 때문이다. 투자자들은 유로화 표시 자산 자체에 대한 근본적인 불신을 갖게 될 것이고, 이는 독일 국채로의 자금 유입을 제한할 것이다.

역설적이게도, 미국 국채는 위기의 순간에 가장 강력한 피난처가 된다. 이는 '달러 스마일 이론dollar smile theory'으로 설명된다. 글로벌 경제가 극심한 불안에 빠지면, 투자자들은 자국의 자산을 팔아 가장 안전하고 유동성이 풍부한 미국 달러 자산을 매입하기 위해 몰려든다. 미국 국채 시장은 수조 달러의 자금이 유입되어도 이를 소화할 수 있는 유일한 곳으로, 그 규모와 깊이 면에서 전 세계 어떤 시장과도 비교할 수 없기 때문이다.

이런 극적인 반전 상황은 역사적으로 몇 번이나 증명되었다. 2011년 유럽 부채 위기가 절정에 달했을 때, 미국은 부채 한도 증액을 둘러싼 정치적 갈등으로 인해 S&P로부터 사상 최초로 국가신용등급을 강등당했다. 상식적으로는 미국 국채 가격이 폭락해야 했지만, 결과는 정반대였다. 유럽의 붕괴라는 더 큰 공포 앞에서, 글로벌 자금은 오히려 신용등급이 강등된 미국 국채로 몰려들었고, 국채 가격은 폭등하고 금리는 급락했다. 이는 미국 국채가 단순한 '무위험 자산'이 아니라, 글로벌 시스템 붕괴 상황에서의 '최후의 보험'임을 증명하는 가장 강력한 사례다. 2026년 복합적 위기가 발생한다면, 이런 현상은 다시 반복될 가능성이 매우 높다. 어쩌면 더욱 극단적으로 나타날 수도 있다.

엔화의 강세 가능성도 주목해야 한다. 일본은 세계 최대의 순채권국으로, 해외에 투자했던 막대한 자금이 위기 시 본국으로 회귀 repatriation하면서 엔화는 전통적으로 강세를 보여왔다. 위기가 심화되면 엔화 역시 큰 폭의 강세를 보일 가능성이 높다.

3
Part

세 번째 폭풍

과도한 안일함 뒤에 감춰진
경기침체의 그림자

1
민스키 렌즈로 본 2026년

안전하다는 마음이 불안정을 낳는다: 민스키의 금융 불안정성 가설

1장에서는 AI 버블을 '불에 잘 타는 물건이 쌓인 창고'처럼, 2장에서는 유럽과 중국의 부채를 '주위에 흩뿌려진 기름'처럼 설명했다. 그런데 금융 시스템 전체가 무너지는 건 이런 위험 요소들이 그냥 쌓이는 게 아니라, 특정 조건에서 갑자기 상태가 바뀌는 현상인 '상전이狀轉移' 때문이다. 상전이란 얼음이 녹아서 물로 변하거나, 또는 물이 끓어서 수증기로 변하는 것처럼, 시스템이 안정 상태에서 갑자기 혼란으로 바뀌는 현상을 가리킨다. 2026년 금융시장이 이런 상전이를 겪게 될 마지막 발화 요인이 바로 '과도한 안일함(너무 안심하고 있는 마음)'이다. 이게 필자가 걱정하는 2026년의 세 번째 폭풍이다.

2026년 주식시장에 나타날 이 안일함은 경제 전체가 무너질 때 꼭 나타나는 마지막 조건이다. 경제학자 하이먼 민스키Hyman Philip Minsky가 만든 '금융 불안정성 가설the financial instability hypothesis'에 따르면, 오랜 기간 경제가 안정되면 사람들이 위험을 너무 가볍게 보고 빚을 많이 져서 투자하게 되고, 결국 작은 충격에도 전체 시스템이 무너지는 '민스키 모멘트Minsky moment'라는 순간이 온다. 민스키 모멘트는 마치 튼튼하게 서 있는 것처럼 보이던 집이 갑자기 무너지는 것처럼, 금융 시스템이 갑자기 붕괴하는 걸 의미한다. 민스키의 이론은 레비 연구소Levy Economics Institute의 1992년 논문에서 자세히 설명되며, 안정기가 길어질수록 불안정이 쌓인다고 강조한다.[30] 또한 사회과학 국제 사이트Social Science International에서도 이 가설을 "자본주의 경제가 외부 충격 없이도 스스로 붕괴를 유발한다."라고 요약한다.[31]

1992년, 민스키는 역사적으로 인플레이션과 디플레이션이 반복적으로 발생하는 '나선형 사건'을 지적하는 것으로 자신의 '금융 불안정 가설'을 시작한다. 그는 "자본주의 경제가 근본적으로 균형을 추구한다."라는 애덤 스미스Adam Smith와 레옹 발라스Marie-Esprit-Léon Walras의 주장을 반박한다. 민스키에 따르면, 자본주의 경제는 종종 이상한 현상을 보인다. 물가가 걷잡을 수 없이 치솟는 인플레이션이나, 반대로 빚 때문에 경제가 쪼그라드는 부채 디플레이션이 발생하는 것이다. 더 큰 문제는 이런 상황이 발생했을 때 경제 시스템이 보이는 반응이다. 고전 경제학자들은, 경제는 문제가 생겨도 스스로 조정되면서 다시 안정적인 평형 상태로 돌아간다고 생각했다. 하지만 민스키의 생각은 달랐다. 실제 경제위기의 역사를 보면, 경제는 생각만큼 스스로 균형을 찾지 못했고, 오히려 불안정성이 증폭되는 모습을 보여왔다. 경제 시스템이 문제를 완화시키는 것이 아니라 오히려 더욱 키워버리는 것이다. 인플레이션이 발생하면 그것이 또 다른 인플레이션을 불러오고, 부채 디플레이션이 시작되면 그것이 더 심각한 부채 디플레이션으로 이어진다. 마치 눈덩이가 굴러가면서 점점 커지는 것과 같은 악순환이 일어나는 것이다.

그리고 민스키는 경제 주체들이 빚을 다루는 방식을 관찰하면서, 그들을 세 가지 유형으로 분류할 수 있다는 것을 발견했다. 여기서 경제 주체란 기업이 될 수도 있고, 정부가 될 수도 있고, 개인이나 가계가 될 수도 있다. 민스키는 이들이 가진 빚과 그것을 갚을 수 있는 능력의 관계에 따라 '헤지 금융hedge finance', '투기 금융speculative finance', '폰지 금융Ponzi finance'이라는 세 가지 범주로 구분했다. 이 분류의 핵심은 간단하다. 현재 벌어들이는 돈(현금 흐름)으로 빚을 얼마나 잘 갚을 수 있느냐는 것이다.

민스키는 세 가지 유형 중에서 가장 건전하고 안전한 형태를 헤지 금융이라고 했다. 헤지 금융 상태에 있는 경제 주체는 자신이 벌어들이는 수입만으로 빚을 완전히 갚을 수 있는 위치에 있다. 이자는 물론이고 원금까지도 자신의 현금 흐름으로 충분히 갚아낼 수 있다. 이런 경우 추가로 대출을 받을 필요가 없고, 재정적으로 매우 안정적인 상태라고 할 수 있다. 헤지 금융 단위는 자신이 약속한 모든 지불 의무를 자신의 수입만으로 이행할 수 있기 때문에, 금융위기나 경제 변동에 가장 강한 저항력을 가지고 있다. 참고로, 민스키는 은행들이 일반적으로 헤지 금융 단위라고 언급했다.

그 다음은 투기 금융이다. 민스키는 투기 금융을 "이자만 갚고 빚은 계속 돌리기" 상태로 정의했다. 투기 금융 상태에 있는 경제 주체는 헤지 금융보다 한 단계 더 위험한 위치에 있다. 이들은 자신이 벌어들이는 돈으로 빚의 이자는 낼 수 있지만, 원금을 갚을 수는 없는 상태다. 투기 금융 단위의 가장 큰 특징은 빚을 '이월rollover'해야 한다는 점이다. 원금 상환 능력이 없기 때문에, 만기가 된 빚을 갚기 위해 또 다른 대출을 받아야 하는 것이다. 투기 금융 상태는 헤지 금융보다 훨씬 불안정하다. 왜냐하면 이들의 생존은 계속해서 새로운 빚을 얻을 수 있느냐에 달려있기 때문이다. 만약 금융시장 상황이 나빠지거나 경제가 어려워져서 새로운 대출을 받기 힘들어지면, 이들은 곧바로 위기에 처하게 된다. 만기가 된 원금을 갚을 방법이 없어지는 것이다.

민스키는 세 가지 금융 상태 중 마지막인 폰지 금융이 가장 위태롭고 위험한 상태라고 평가했다. 이 단계에 있는 경제 주체는 자신이 벌어들이는 돈으로는 원금은커녕 이자조차 제대로 낼 수 없는 처지에 놓여 있다. 폰지 금융 상태의 가장 큰 특징은 현금 흐름이 심각하게 부족하다는 것이다. 그렇다면 어떻게 살아남을까? 두 가지 방법밖에 없다. 하나는 가지고 있는 자산을 팔아서 돈을 마련하는 것이고, 다른 하나는 추가로 돈을 빌리는 것이다. 이런 식으로 운영하면 빚은 점점 더 늘어나고, 팔 수 있는 자산도 점점 줄어든다. 폰지 금융의 위험성은 차용자(빚을 진 사람)만의 문제가 아니다. 돈을 빌려준 대출 기관도 똑같이 위험한 처지에 놓이게 된다. 왜냐하면 대출 기관이 자신의 돈을 돌려받으려면, 차용자가 계속해서 새로운 빚을 얻을 수 있어야 하기 때문이다. 차용자가 더 이상 빌릴 수 없게 되는 순간, 대출 기관도 돈을 떼일 위험에 처하게 된다. 폰지 금융 상태가 지속되면 상황은 계속 나빠진다. 이자를 내기 위해 빌리거나, 심지어 주주들에게 배당금을 주기 위해 자산을 파는 것은 회사의 기반을 약화시킨다. 결국 이 회사의 재무 건전성은 계속 떨어지고, 채권자(돈을 빌려준 사람)들이 받을 수 있는 안전 마진도 점점 줄어들게 된다.

민스키는 세 가지 금융 상태(헤지, 투기, 폰지)를 바탕으로 자신의 금융 불안정 가설의 핵심을 제시했다. 가설의 첫 번째 핵심 내용은 이렇다. 경제 전체의 안정성은 이 세 가지 유형의 경제 주체들이 어떤 비율로 섞여 있느냐에 달려 있다는 것이다. 그 비율에 따라서 경제는 두 가지 서로 다른 체제를 가질 수 있다. 하나는 안정적인 자금 조달 체제이고, 다른 하나는 불안정한 자금 조달 체제다. 헤지 금융이 지배적인 경제는 '균형 추구 시스템'이 된다. 무언가 문제가 생겨도 경제는 스스로 균형을 되찾으려 하고, 충격을 흡수하고 억제하는 능력이 있다. 마치 균형을 잘 잡고 있는 사람이 살짝 밀려도 금세 다시 중심을 찾는 것과 같다.

하지만 투기 금융과 폰지 금융의 비중이 커질수록, 경제는 '편차 증폭 시스템'이 된다. 이는 작은 문제가 생기면 그것이 점점 더 커지는 시스템이다. 균형을 되찾는 것이 아니라, 오히려 불균형이 더욱 심해진다. 앞서 설명했던 "인플레이션이 인플레이션을 먹고, 부채 디플레이션이 부채 디플레이션을 먹는" 악순환이 바로 이런 상태를 말한다. 민스키가 말하고자 하는 것은 간단했다. 경제 안에서 어떤 종류의 금융 행태가 주류를 이루느냐에 따라, 그 경제가 안정적일 수도 있고 위험천만할 수도 있다는 것이다. 이 글을 읽는 독자는 2026년이 어떤 상태일 것으로 예측하는가?

"안정성은 불안정화를 초래한다Stability is destabilizing." 이것이 2026년을 전망하는 우리에게 민스키가 주는 교훈이다. 민스키 가설의 두 번째 핵심은 매우 역설적이면서도 통찰력 있는 내용이다. 금융위기는 외부에서 갑자기 닥치는 재앙이 아니라, 경제 내부에서 자연스럽게 만들어진다는 것이다. 전통적인 경제학에서는 경제위기가 외부의 예상치 못한 충격 때문에 발생한다고 봤다. 전쟁, 자연재해, 갑작스러운 정책 변화 같은 외부 요인이 건전한 경제를 망가뜨린다는 것이다. 하지만 민스키는 이것을 자본주의 경제 시스템의 피할 수 없는 특성이라고 했다. 즉, 자본주의의 내재적 특징이라는 말이다. 외부에서 무언가가 잘못되어서가 아니라, 시스템 자체의 작동 방식 때문에 이런 사이클이 반복된다는 것이다. 겉으로는 건전해 보이는 경제 안에서도, 내부의 역학 때문에 불안정성이 자연스럽게 쌓여간다는 것이다.

민스키의 이론은 실제 역사에서 증명됐다. 1920년대 미국은 '로어링 트웬티스Roaring Twenties'라고 불릴 만큼 주식과 부동산이 뜨거웠다. 사람들은 빚을 잔뜩 져서 투자했다. 그런데 1929년 10월 주식시장이 25% 폭락하면서 은행 파산이 도미노처럼 이어졌고, 실업률이 25%까지 치솟았다. 민스키의 관점에서 보면, 1920년대 초반 안정기(헤지 금융)가 1927년쯤 투기 단계로 넘어가고, 폰지 단계에 이르면서 새 돈으로 옛 빚을 갚는 구조가 무너진 것이다. 2011년, 레비 연구소가 발표한 논문 〈민스키 위기Minsky Crisis〉에서도 대공황을 "작은 정부와 자유시장 모델의 실패"로 설명하며, 민스키 이론의 적절한 실례라고 평가했다.

2008년 금융위기 때는 주택 대출 버블이 비슷한 패턴을 보였다. 2000년대 초반, 사람들은 "집값은 영원히 오른다."라며 안심하며 서브 프라임 대출을 받았다. 하지만 2007년에 금리가 오르자 대출 상환 불능이 쏟아지면서 리먼 브라더스 파산으로 이어졌고, 세계 GDP가 2%나 줄었다.

2023년 보스턴 대학이 발표한 연구논문 〈민스키와 킨들버거Minsky and Kindleberger〉도 대공황을 "민스키 가설의 고전적 증거"로 꼽았고, 2008년 위기를 "민스키의 금융 불안정 가설이 현대 경제에 적용된 사례"로 분석했다. 그리고 두 사건 모두 저금리와 과도한 레버리지가 불안정을 키웠다고 분석했다. 2025년 9월, 인베스토피디아Investopedia의 기사 '민스키 모멘트 이해하기Understanding Minsky Moments'에서도 2008년 위기를 "민스키 모멘트의 대표 사례"로 설명하며, 투기적 금융이 폰지 단계로 넘어가면서 "작은 균열이 대지진으로 번진" 패턴이라고 평가했다.

⚞ 민스키 이론으로 들여다본 2026년 버블 징후

그렇다면 현재 시점에서는 민스키의 이론이 어떻게 재현되고 있을까? 2022년 연준이 기준금리를 올리기 시작했을 때, 시장 참여자들은 대부분 조심스럽게 행동했다. 과거의 위기를 기억하고 있기 때문에 헤지 금융 상태를 유지하려고 했다. 빚을 적게 지고, 자신의 수입으로 충분히 갚을 수 있는 범위 내에서만 차입했다. 그런데 2023년에 들어서자 시장 참여자들 사이에서 점점 자신감이 일어났다. "이제는 괜찮아!", "앞으로도 계속 좋을 거야!"라고 생각했다. 그러면서 조금씩 더 많은 빚을 지기 시작했다. 여기에 2024년부터 AI 붐이 시작되었다. 2025년에 들어서자 시장 참여자들은 헤지 금융에서 투기 금융으로, 나아가 폰지 금융으로 옮겨가기 시작했다.

문제는 이것이 개별 경제 주체만의 문제가 아니라는 점이다. 경제가 오랫동안 번영하면, 경제 전체에서 점점 더 많은 기업, 가계, 금융기관들이 투기 또는 폰지 형태의 금융 구조로 이동한다. 2025년 후반부터 이런 일이 시작되었다. 밈meme 주식이 다시 활개를 치고, AI 불패론이 나왔다. 2025년 7월 기준, 주가를 기업의 순이익으로 나눈 값인 PER가 S&P 500은 38.31배였다. 2000년 IT 버블 당시 S&P 500의 PER은 44배였다. PER 38.31배는 역사적 고점인 44배에 근접한 수치였다. 하지만 시장은 위기가 오면 연준이 돈을 풀어서 막아줄 것이라는 확신이 지배했다. 트럼프가 주식시장을 끌어올려 줄 것이라고 맹신했다. 과거 닷컴 버블 시기보다 재정 정책과 통화 정책으로 훨씬 더 많은 유동성이 풀려있어, 주식시장을 거품으로 몰고 가기에 충분한 연료가 꽉 차있

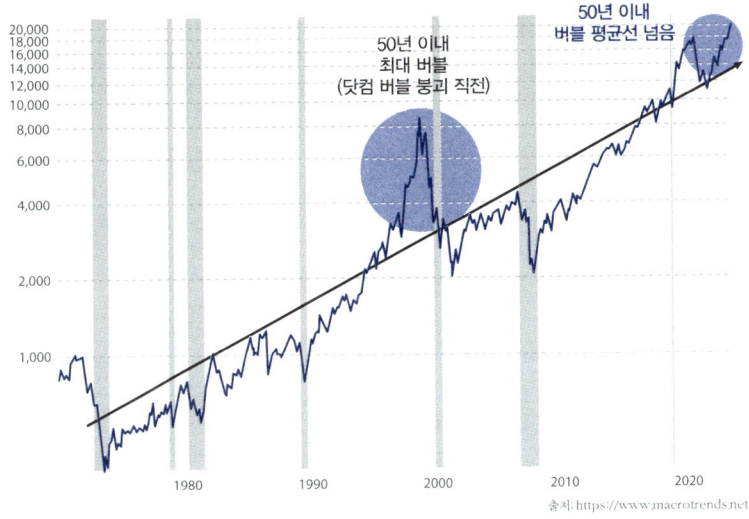

나스닥 종합지수 – 45년간 차트(로그 스케일)

50년 이내
버블 평균선 넘음

50년 이내
최대 버블
(닷컴 버블 붕괴 직전)

20,000
18,000
16,000
14,000
12,000
10,000
8,000

6,000

4,000

2,000

1,000

1980　　1990　　2000　　2010　　2020

출처: https://www.macrotrends.net

는 상태였다. '나스닥 종합지수 45년간 차트' 그래프를 보자. 2025년 나스닥은 거품으로 가득 차있다.

　2025년 말, 시장은 이미 폰지 단계에 깊이 빠져들기 시작했다. 프랑스와 영국이 구제금융 신청을 할 수도 있다는 말이 나와도, 러시아와 우크라이나가 전쟁을 계속해도, 유럽 경제의 최후의 보루인 독일 경제가 몇 년간 마이너스 성장을 했어도, 중국의 경제성장률이 계속 하락해도, 트럼프가 전 세계 무역 시장을 흔들어 놓아도, AI 투자에 이상한 현상이 드러나도, 모든 사람들이 AI 붐이 만들어내는 이야기에 심취해 있다. 집단적으로 '과도한 안일함', '위대한 착각'에 빠져 있다.

2025년, AI 스타트업들은 매출이 거의 없는데도 VC의 투자금으로 현금을 태우며 성장하는 척하고, 새 투자로 옛 빚을 갚고 있었다. '빌더ai^Builder.ai'라는 AI 스타트업 회사는 분기당 4천만 달러, 하루 약 44만 달러씩 돈을 썼다. 빌더ai는 마이크로소프트와 카타르 투자청^Qatar Investment Authority으로부터 총 4억 5천만 달러 이상을 투자받았으며, 한때 15억 달러의 가치로 평가받았다. 하지만 2025년 5월 회사는 자금이 고갈되었다고 직원들에게 통보하며 파산 신청을 했다. 폰지 금융의 전형이었고, 새 투자가 중단되자 무너졌다. 2025년 AI 스타트업의 91%가 성장 없이 돈만 소모했다. 2024년 3월, 국제결제은행^BIS은 〈BIS 분기별 보고서^BIS Quarterly Review〉에서 영업이익으로 이자도 못 갚는 '좀비 기업' 비율이 1990년대 이후 크게 늘었고, 2023년 2,370개로 증가했다고 보고했다. 또한 2025년에도 4~6% 수준을 유지하며, 특히 북미에서 증가율이 높다고 분석했다. 2025년 7월에는 좀비 기업들이 민간 신용 2조 달러로 버티고 있다고 지적했다.[32] 포춘^Fortune조차도 좀비 기업의 숫자가 2008년 위기 직전과 비슷하다고 지적했다. 그러나 이런 뉴스가 계속 나와도 시장은 아랑곳하지 않는다. 시장이 폰지 금융의 늪에 푹 빠져 심취해 있기 때문이다.[33]

민스키는 이런 상황이 지속되면, 어느 순간 경제 전체의 금융 구조가 불안정한 쪽으로 기울어지게 되는 상황이 펼쳐진다고 했다. 2026년

이 바로 이런 시기가 될 가능성이 높다. 연준이 본격적으로 기준금리를 내리고, 이 때문에 부동산 대출 여력이 높아지고, 시장에 돈이 풀려서 투자 여력도 더 생기는 시기, 바로 이런 '집단적 흥청망청의 시기'가 2026년이 될 것이다. 민스키의 이론에 따르면 이것이야말로 경제를 극도로 취약하게 만드는 트리거가 될 것이다.

▨ 정크 본드로 돈이 몰리는 것은 버블 끝물로 가는 징후다

2026년을 민스키 렌즈로 예측해 보자. 연준이 기준금리를 몇 차례 더 내려주면, 위기에 빈삼한 사람들은 '위험한 유동성 장세'라고 경고하겠지만, 시장은 유동성의 축복이라고 환호성을 지르고 집단적 광기와 폰지 금융 상태가 절정에 이를 가능성이 높다. "이번엔 다르다!"라는 소리가 크게 울려 퍼지며, 상당 기간 눈부시게 뜨거운^{dazzling} 장세도 이어질 것이다. 중산층과 서민들의 실물 체감 경기가 회복되지 않거나 둔화되는 흐름을 보이며, 소수의 버블 주도 기업을 제외하고 대부분의 기업들의 실적이 뒷받침되지 않는데도 주가만 높게 형성되는 상황이다. 가격의 합리성보다는 환상적인 스토리가 다시 부상하고, 투기적 주식들speculative stocks의 초강세 현상이 나타날 것이다. 그냥 몇몇 회사가

133

그런 게 아니라, 벤처캐피탈^{VC} 세계와 기술주 시장 전체가 이런 구조로 돌아갈 것이다.

넘치는 유동성의 일부가 안 좋은 섹터들로도 흘러가면서 좀비 기업의 생명을 연장해 주고, 잘나가는 기업으로 흘러 들어간 유동성은 해당 기업의 주가를 훨씬 더 잘나가게 만들 것이다. 계속 하락하는 이자율과 시장의 과도한 안도감 덕분에, 중소형주가 들썩이고, 밸류에이션에 예민한 의료(헬스케어) 섹터나 레버리지가 많은 리츠(부동산) 주식들도 혜택을 받아 반등을 보이기 시작할 것이다.

신용매수(레버리징 투자, 빚내서 투자하는 것) 잔고가 폭증하고, 신규 상장 주식^{IPO}에 열풍이 다시 불고, 주로 적자 성장주, 로퀄리티^{Low-Quality} 주식, 동전주^{Penny Stocks} 같은 투기적 주식들이 시장을 주도하는 기이한 현상이 나타날 것이다. 이 모든 것들이 버블 붕괴 직전에 나타나는 일반적인 역사적 패턴이다. 그리고 버블이 끝물에 이를 무렵, 고수익 채권^{high yield bonds}, 즉 정크 본드^{junk bonds}(신용등급 BB 이하)로 마지막 투기 자본이 몰린다. 정크 본드는 고위험 회사채를 가리킨다. 경영이 위험한 회사들은 일반적으로 견실한 회사들보다 높은 이자를 지급해야 한다. 하지만 이런 일반적인 현상이 뒤집어지고 '리스크 가격의 소멸' 현상이 벌어지는 때가 있다. 버블의 마지막 축제가 벌어질 무렵, 대중이 '과도한 안일함', '위대한 평온함'에 빠지면 '신용 스프레드(위험

미국 고수익 채권 지수 옵션 조정 스프레드

— ICE BofA 미국 고수익 채권 지수 옵션 조정 스프레드

2007년 5월, 기간 종료 시점: 2.46

회색 영역은 미국의 경기침체를 나타냄
출처: Ice Data Indices, LLC via FRED ⓘ

대비 보상)'가 축소된다. 시장이 우량 기업뿐 아니라 평범한 기업들조
차 거의 무위험 자산처럼 취급한다는 말이다.

'미국 고수익 채권 지수 옵션 조정 스프레드' 그래프를 보자. 이 지
표는 미국 고수익 채권 또는 정크 본드로 구성된 지수의 평균 옵션 조
정 스프레드option-adjusted spread, OAS를 의미한다. 고수익 채권 또는 정크 본
드는 디폴트 위험이 높은 회사채를 모아놓은 채권으로 투자등급 채권
보다 높은 수익률을 제공하지만 그만큼 위험도 높다. 옵션 조정 스프레
드는 채권에 내재된 옵션(조기 상환 옵션 등)을 고려해 조정된 스프레
드이다. OAS가 높아지면 시장이 고수익 채권의 위험을 더 높게 평가
한다는 뜻이고, OAS가 낮아지면 시장이 고수익 채권의 위험을 낮게 평
가하고 안심하고 산다는 뜻이다.

그런데 문제가 하나 있다. 이 그래프에서 보듯이 OAS가 급격하게

높아지는 상황은 경제가 안 좋아지거나 회사 신용이 떨어진 것을 '확인'한 후에 발생한다. 즉, 경기침체 혹은 주식시장 폭락을 알려주는 선행 지표가 아니라 후행 지표라는 말이다. 더구나 이 지표는 경기침체 혹은 주식시장 폭락 6~12개월 전에 가장 낮은 수치를 기록한다. 그래프를 보면, 서브프라임 모기지 사태가 벌어지기 6개월 전인 2007년 5월에 2.46%로 가장 낮은 수치였음을 알 수 있다. 즉, 가장 위험한 시점에 시장은 오히려 가장 위험성을 낮게 평가한다는 뜻이다. 이는 '효율적 시장 가설'이 붕괴하고, 조지 소로스의 재귀성reflexivity 이론이 극단적으로 작동하는 국면이다. 즉, '위험은 없다'라는 시장의 믿음이 실제로 위험 프리미엄을 소멸시키고, 이 결과가 다시 '위험은 없다'라는 믿음을 강화하는 파괴적인 피드백 루프가 형성된 것이다. '거대한 착시'다. 그래서 정크 본드로 돈이 몰리는 것은 버블 끝물로 가는 징후라고 말하는 것이다.

왜 버블의 마지막 축제가 벌어질 무렵에 투기성 자금이 정크 본드 시장에 몰리기 시작할까? 이치는 간단하다. 주식시장의 강세가 과열되어 버블의 정점에 가까워지면, 위험을 감수하는 것에 대한 대가(주식 위험 프리미엄)가 급격히 줄어들게 된다. 예를 들어, 2000년 닷컴 버블 붕괴가 가까워질 무렵, 주식 위험 프리미엄은 약 5% 수준에서 거의 0%까지 근접하며 급격히 축소되었다. 이런 상황이 되면, 투기성 자금은 추가 프리미엄을 얻을 수 있는 곳을 찾는다. 그곳이 정크 본드 시장이다. 이런 구간에 진입하게 되면, 투자자들은 더 이상 펀더멘털을 보고 투자하지 않는다. 그들은 기업의 상환 능력을 믿어서가 아니라, '연준이 곧 금리를 인하할 것이고, 그러면 모든 채권 가격이 오를 것'이라는 투기적 기대감 하나만으로 위험한 자산에 베팅하는 식이다. 민스키가 말한 폰지 금융의 전형이다. 투자 수익이 자산의 내재가치가 아니라 오직 후발 주자의 자금 유입에만 의존하는 상태로, 정크 본드 시장이 거대한 '폭탄 돌리기' 게임 구간에 진입했다는 뜻이다.

2025년, 미국의 정크 등급 기업들의 부도율은 이미 30년 장기 평균을 상회하며 상승 추세에 있다. 신용등급이 강등되는 기업의 수도 서서히 증가하고 있다. 그런데 2025년 10월 기준으로 'ICE BofA 미국 고수익 채권 지수 옵션 조정 스프레드'는 2.81%이었다. 역사적 평균(4~5%)을 크게 밑돌고, 2008년 금융위기 직전의 스프레드에 근접해 가고 있다.

역사가 주는 교훈을 잊지 말라. 정크 본드의 신용 스프레드는 '탄광 속의 카나리아'로 불린다. 옛날 탄광에서 광부들은 독성 가스 누출을 감지하기 위해 작은 새인 카나리아를 데리고 들어갔다. 카나리아는 사람보다 가스에 민감해서, 새가 먼저 쓰러지거나 노래를 멈추면 위험하다는 신호로 삼았다. 이처럼 신용 스프레드는 경제나 시장의 위험을 먼저 감지하는 역할을 한다. 정크 본드 시장의 과열은 결코 경제가 튼튼하다는 신호가 아니다. 그것은 시장의 이성이 완전히 마비되고, 투기적 광기가 마지막 불꽃을 태우고 있다는 가장 확실한 버블 징후다.

예상치 못한 외부 충격으로 투기 심리가 얼어붙는 순간, 정크 본드 시장의 유동성은 가장 먼저 증발한다. 그리고 단순히 정크 본드 투자자들의 손실로 끝나지 않고, 전염 효과contagion와 강제 매도forced selling 상황을 만든다. 전염 효과는 정크 본드 시장의 붕괴로 인한 공포가 투자 등급 회사채 시장으로 전염되면서 전체 신용 스프레드의 폭발을 유발하는 효과다. 강제 매도 상황은 정크 본드에 투자했던 레버리지 펀드들이 마진콜에 직면하여, 우량 주식과 채권까지 팔 수 있는 것을 닥치는 대로 팔아치우며 시장 전체의 붕괴가 가속되는 현상이다.

그래서 정크 본드의 신용 스프레드가 폭발할 때는 고품질 채권 펀드조차도 무너질 수 있다. 대부분의 채권 펀드가 국채뿐 아니라 기업 신용을 섞어 보유하기 때문이며, 스프레드 폭발 시 펀드의 순자산 가치가 하룻밤 사이에 20~30% 급락할 수 있다. 이때는 암호화폐도 붕괴한다. 2020년 3월 코로나 팬데믹 위기가 시장을 강타했을 때, 신용 스프레드가 몇 주 만에 1%에서 4%로 폭발하자 비트코인은 50% 폭락한 바 있다. 유동성에 목마른 투자자들이 팔 수 있는 것을 무엇이든 팔았기 때문이다.

이쯤에서 한마디 더 하자. "모두가 아는 악재는 악재가 아니다."라는 말이 있는데, 이는 완전히 잘못된 말이다. 2008년 금융위기 사례를 보면, 2006년부터 부동산 가격 하락과 은행 대출 부실 문제가 계속 발생했고 이 때문에 시장에서는 경기침체 공포가 계속 제기되었다. 그러다가 2008년 2월 리먼 브라더스 파산으로 금융위기가 터졌다. 이처럼 역사적인 사례를 살펴봤을 때, 경제위기는 모두가 아는 악재로 터진 경우가 많았다. 지금도 투자자들이 '과도한 안일함'에 젖어 버블을 키우고 정크 본드 시장에까지 몰려드는 동안, 모두가 알고 있지만 모른 척하고 있는 경기침체의 경고음이 커지고 있다. 이 경고음이 현실이 되는 순간, 지금의 '과도한 안일함'이 돌이킬 수 없는 재앙으로 돌아올 수도 있음을 명심해야 한다.

2
경기침체를 가리키는 징후들

2026년을 바라보는 연준, 겉과 속이 다르다

미 연방준비제도(연준)^{FED}의 태도는 언제나 '정치적'이다. 정치에 휘둘린다는 의미가 아니라, 마치 정치인처럼 정치적 고려를 한다는 말이다. 연준의 태도가 정치적일 수 밖에 없는 이유가 있다. 첫째, 연준 의장의 말 한마디는 무게감이 다르기 때문이다. 만약 오늘 연준 의장이 "미국 경제가 침체에 빠졌습니다."라고 말한다면, 그 한마디로 자산시장은 패닉에 빠질 것이다. 둘째, 연준이 중장기 미국 경제의 미래를 정확히 맞지지 못할 경우에 '피해갈 구멍'이 필요하기 때문이다. 연준의 경제 평가와 전망, 행동이 틀렸을 경우에도 시장의 신뢰를 잃지 않으려면, 언제든지 피해갈 구멍을 만들어야 한다. 가장 좋은 방법은 '애매

모호하게' 말하는 것이다. 연준 의장이 "미국 경제가 매우 강하다."라고 말하면, 인플레이션 위기가 크다는 말로 해석할 수 있다. "미국 경제가 완만하다."라는 말은 경기가 꺾이고 있다는 뜻이고, "미국 경제가 약해 졌다."라는 말은 경기침체 위험이 시작되었다는 뜻이다.

2025년 후반, 연준 의장은 미국 경제와 고용시장에 대해서 어떤 말을 했을까? 2025년 8월 17일, 연준이 기준금리를 4.25~4.50%에서 4.00~4.25%로 0.25%p 인하했다. 물론 제롬 파월Jerome Powell 연준 의장은 현재 미국 경제 상황이 나쁘지 않다고 강조했다. 파월 의장은 이날의 기준금리 인하 결정을 노동시장 약화 가능성에 대비하는 "위험 관리적 인하risk-management cut"일 뿐이라고 말했다. 당연히 정치적 수사였다. 그가 기자회견 동안 간간이 "고용의 하방 리스크가 증가하고 있다."라는 뉘앙스를 비춘 것을 주목할 필요가 있다. 겉으로는 경제 상황이 나쁘지 않다고 하면서도, 2025년 상반기 GDP 성장이 약 1.5%를 기록하여 작년 2.5%에서 하락했다고 언급했다. 올해 전체 GDP가 1.6% 성장으로 종결될 것이라는 전망도 했다. 최근 성장 둔화는 주로 소비자지출 둔화를 반영한다고 인정도 했다. 하지만 시장의 공포를 막기 위해 "소비자 지출은 예상보다 강했으며" 같은 정치적 언어를 섞어서 말했다. 그는 주택 부문 활동도 계속 약세를 보이고 있다고 인정했다. 2025년 8월 미국 주택 착공 실적이 전월 대비 8.5% 급감했는데, 높은 모기지 금리, 과잉 주택 재고, 노동시장 둔화에 기인했다고 분석했다. 이 역시, 경기둔화 우려를 부추기는 요소가 작동하기 시작했다는 의미다.

파월 의장은 미국 실업률도 낮은 수준을 유지하고 있다고(8월에 4.3%를 기록) 강조했지만, "노동력 공급과 수요 모두 이례적으로 둔화하고 있는 호기심 많은 균형curious balance 상태이다."라든가 "최근 일자리 수 창출세는 손익분기 고용 성장세를 하회하고 있다." 같은 모호한 말을 섞어서 사용했다. 즉, 겉으로는 괜찮은 듯 말하고 있지만, 연준 내부에서는 노동시장이 전반적으로 공급과 수요가 이례적으로 덜 역동적이고 고용의 하방 리스크가 커지고 있다는 위기감이 생겼다는 말이다.

실제로 당시 미국 고용시장의 상황은 수요가 공급보다 더 급격히 감소하고 있었다. 특히 청년층, 소수 인종 등 경제적으로 취약한 계층이 일자리를 찾는 데 어려움을 겪고 있었다. 전반적인 구직률이 매우 낮아지고 있지만, '일시적'으로 해고율도 매우 낮은 상태였다. 즉, 낮은 채용, 낮은 해고low hiring, low firing라는 일시적 환경이 조성되고 있을 뿐이었다. 이런 불안한 환경에서는 어떤 트리거가 당겨지기만 하면, 기업이 해고 쪽으로 정책을 전환하여 실업률이 빠르게 상승할 수 있다. 당시 미국의 노동시장 참여율은 전년(62.7%) 대비 0.4%p 하락한 62.3%을 기록했었다. 노동시장 참여율이 감소하는 추세를 보이는 것은 씽장한 악재다. 이는 실업자들이 신규 실업수당 수령을 한 후, 연속 실업수당 수령 단계를 거쳐서 '구직 성공'으로 전환되지 못하고, 아예 구직 활동마저 포기한 '비경제활동인구'로 전락했다는 뜻이다. 그리고 이처럼 구직을 단념한 사람들은 통계상 실업자에서 제외되어, 실업률이 실제 고용 상황을 정확하게 반영하지 못하는 '착시 현상'을 일으키게 한다.

또한 당시 미국 고용시장에서는 '연속 실업수당 청구 건수'가 계속해서 증가 중이었다. 하지만 주간 신규 실업수당 청구는 거의 변함없이 횡보했었다. 연속 실업수당 청구 건수만 서서히 증가하는 이유는 미국 고용주들이 단기간에 대량 해고를 하지 않고, 천천히 인력을 감축하고 있기 때문이다. 반면, 주간 신규 실업수당 청구 건수가 횡보하는 것은 재취업에 성공하거나 구직을 포기하는 것, 둘 중의 하나다. 필자의 분석으로는 구직을 포기하는 쪽이 많았다. 한번 해고된 사람들이 재취업하기 어려운 상황에 빠졌다는 말이다. 코로나19 팬데믹 직후에는 일할 사람이 부족하여 재취업이 쉬웠지만, 지금은 대부분의 산업에서 기업들이 신규 채용을 줄이고 있다. 이처럼 고용시장이 점점 악화되는 상태는 대체적으로 '경기침체의 전조'로 해석해야 한다.

그렇다면 연준은 2026년 미국의 GDP 성장률을 어떻게 보고 있을까? 파월 의장은 2026년도 미국 GDP가 2025년보다 겨우 0.2%p 증가한 1.8% 성장할 것으로 예상했다. 하지만 약하다거나 나쁘다는 말을 절대 하지 않았다. 대신, "이례적으로 강한 AI 부문의 경제성장률을 보

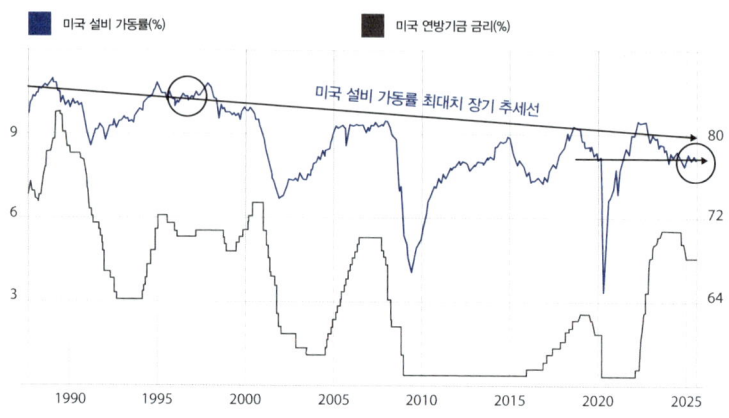

미국 설비 가동률 추세

고 있으며, 얼마나 오래 유지될지는 모르겠다."라는 말로, 경기침체가 발생할 경우 빠져나갈 구멍을 만들어놓았다.

위 그래프를 보면, 중요한 3가지 패턴이 보인다. 첫째, 미국의 설비 가동률은 장기적으로 하락 추세다. 둘째, 설비 가동률은 기준금리 인상 사이클의 중후반경에 정점을 찍고 하락을 시작한다. 셋째, 설비 가동률은 지난 40년 동안 평균 8~10%p 하락을 할 경우에는 경기침체 구간으로 진입했다. 파월 의장이 경제 상황이 나쁘지 않다고 강조했던 2025년 8월의 설비 가동률 상황은 어떨까? 전고점 대비 4%p정도 하락한 상태였다. 결코 '나쁘지 않은 상황'이 아니었다.

다시 강조한다. 연준의 말과 태도를 있는 그대로 믿지 말라. 2026년을 바라보는 연준, 겉과 속이 다르다.

경기침체 직전을 알리는 신호①: 노동시장 지표

경기침체 직전에 나타나는 3가지 실물경제 선행 신호들이 있다. 이 3가지 신호들은 연준이 지켜보는 중요한 위기 트리거이기도 하다. 노동시장 지표, 가격 효과, 기업 판매 및 이익 증가율이다.

노동시장 지표에서 눈여겨보아야 할 세부 지표는 2개다. 하나는 실업률 지표이고, 다른 하나는 핵심 고용 지표^{core US payroll}다. 실업률 지표 중에서 경기침체 직전을 알리는 신호는 청년·흑인·히스패닉계 등 저소득층 실업률이다. 이들의 실업률 지표 상승은 실업률 전체 지표보다 먼저 시작된다. 2025년 9월 기준으로 미국의 전체 실업률은 4.3%였지만, 청년 실업률은 10.5%, 흑인 실업률은 7.5%, 히스패닉계 실업률은 5.3%였다. 참고로, 히스패닉계 실업률이 상대적으로 낮은 이유는 트럼프의 이민자 단속 때문에 남미 출신의 불법체류자나 이민자들이 대거 추방당하거나 숨었기 때문이다. 다음 그래프에서 보듯이, 미국의 청년·흑인·히스패닉계 등 저소득층 실업률은 2002년, 2008년 경기침체 진입 직전과 비슷한 상황이다.

두 번째 세부 지표는 핵심 고용 지표이다. 이는 정부와 의료 부문을 제외한 '비농업 고용(농업을 제외한 전체 고용)^{nonfarm payrolls}' 또는 '근원 급여'를 의미한다. 경기변동에 덜 민감한 정부 및 의료 부문을 뺀 사설

미국 저소득층 실업률(1996~2024)

청년, 흑인, 히스패닉계 등 저소득층 실업률은
실업률 전체 지표보다 먼저 상승을 시작한다

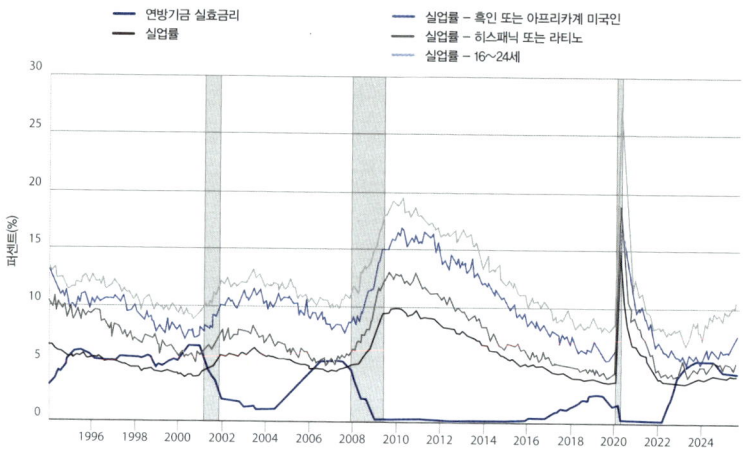

회색 영역은 미국의 경기침체를 나타냄
출처: Board of Governors of the Federal Reserve System (US); U.S. Bureau of Labor Statistics via FRED①

미국 저소득층 실업률(2021~2025)

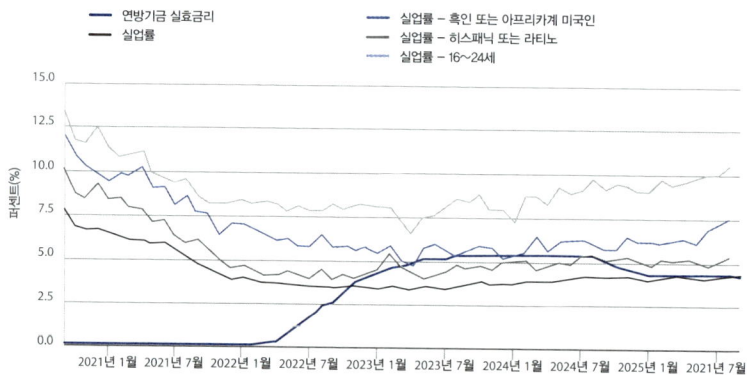

회색 영역은 미국의 경기침체를 나타냄
출처: Board of Governors of the Federal Reserve System (US); U.S. Bureau of Labor Statistics via FRED①

부문 고용을 가리키며, 경제의 '진짜' 건강 상태를 반영한다. 이 지표가 중요한 이유는, 지난 60년 동안 이 지표가 바닥을 찍는 순간 어김없이 경기침체가 발생했기 때문이다.

아래 그래프를 보자. 2025년 2~3분기 6개월 증감률이 0.02%로 거의 '제로(0)' 상태다. 거시경제학자 퍼스킨Dario Perkin은 "이 차트가 연준을 공포에 떨게 한다."라고 언급하며, "핵심 고용 지표의 6개월 증감률이 현재 0.02% 수준이며, 이렇게 고용이 평탄화되는 기간은 이전에 본적이 없다."라고 했다. 또한 "더 나쁜 것은, 지표가 0 아래로 떨어지면 항상 고용의 실질적 수축이 시작되었다는 점이다."라고 패턴을 분석했다. 퍼킨스는 "지표가 마이너스로 떨어질 때마다 최소 1~1.5%의 고용

핵심 고용 지표(6개월 증감률)

출처: https://fred.stlouisfed.org

수축이 발생하며, 이는 150만~200만 개의 일자리 손실에 해당한다."라고 지적했다.

이 주장은 역사적 데이터에 상당히 잘 맞아떨어진다. 퍼킨스의 분석과 여러 기사에 따르면, 이 지표가 0에 도달하거나 마이너스로 전환된 모든 사례에서 침체가 발생했다. 예를 들어, 1970년대 오일 쇼크, 1980년대 이중 침체double dip, 1990~1991년 걸프 전쟁 관련 침체, 2001년 닷컴 버블 붕괴 직전에도 이 지표가 0에 근접하거나 마이너스로 떨어졌다. 2007~2009년 금융위기 당시에도 지표가 급락했고, 2020년 코로나 때도 급격히 마이너스로 전환되었다. 이 지표가 100% 완벽하게 경기침체를 예측해 주는 것은 아니더라도, 강한 상관관계가 있다고 해석할 수 있다.

왜 지표가 0에 닿으면 침체가 오는 것일까? 그 이유는 '경기 순환 이론business cycle theory'과 '오쿤의 법칙Okun's law' 같은 금융경제학 개념으로 설명할 수 있다. 고용은 경제의 '엔진'이고, 경제는 '순환'한다. 호황 때는 기업이 돈을 벌어 일자리를 늘리고, 사람들이 돈을 벌어 소비·투자를 늘려 경제가 더 성장한다. 반대로, 불황 때는 이 순환이 깨진다. '비농업 고용' 또는 '근원 급여(정부·의료 제외)'는 경제의 민감한 부분으로, 소비재·제조·서비스 등 부문의 경기변동에 직접 영향을 받는다. 이 부문 성장률이 0이 되면 새로운 일자리가 거의 생기지 않는다는 뜻으로, 경제가 '멈춤' 상태에 들어간 신호로 해석할 수 있다. 근원 고용 성장률이 0이 되면 GDP 성장도 멈추거나 줄어든다. 일자리가 없으면 소비가 줄고, 기업이 투자·생산을 줄이기 때문에, 악순환으로 이어져 경기침체가 발생한다.

▨ 경기침체 직전을 알리는 신호②: 가격 효과

미국 경제의 70%를 지탱하는 것이 소비다. 그래서 개인 소비 지출 PCE 및 소매 판매액 지표가 매우 중요하다. 다음 그래프를 보자. 코로나 이후부터 최근까지 소매 판매가 계속 우상향 중이디. 우상향이라는 것은 소비가 계속 증가 추세라는 말이다.

하지만 이런 지표들은 왜곡이나 착시를 불러올 가능성이 많다. 예를 들어, 소비자물가가 크게 올랐던 1980년대나 2022년에도 개인 소비 지출은 꾸준히 우상향하는 모습을 보였다. 더구나 대부분의 경기침체 구간에서 개인 소비 지출 PCE 및 소매 판매액 지표는 크게 요동치지 않고, 심지어 후행성이기도 하다는 사실에 주의해야 한다. 실제로 2008년이나 2020년 같은 대규모 경기침체가 와야 후행적으로 살짝 눌렸다가 다시 회복되는 흐름이 나타나는 것을 그래프에서 볼 수 있다.

소매 판매

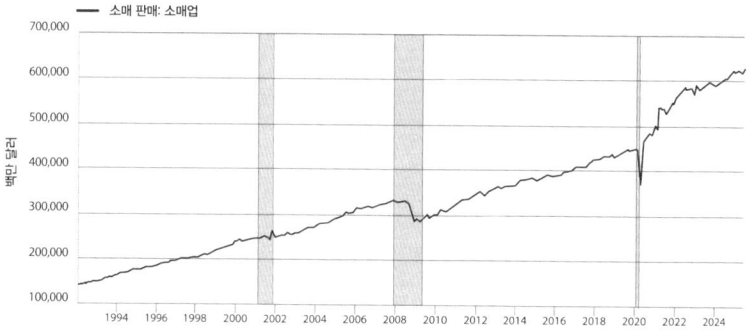

회색 영역은 미국의 경기침체를 나타냄
출처: U.S. Census Bureau via FRED.o

　이런 착시를 만드는 이유가 있다. 개인 소비 지출 및 소매 판매 지표에는 의식주, 의료, 교육 등 필수적인 서비스 소비가 대부분을 차지하고 있다. 물가가 오르거나 경기침체에 진입해도 쉽게 소비를 줄이지 못하는 항목들이 다수 포함되어 있다는 뜻이다. 게다가 판매 수량이 둔화되거나 감소해도 물가 상승 효과 때문에 소비가 계속 증가하는 것처럼 보이는 착시 현상을 만든다. 특히 이 지표는 높은 인플레이션 기간에도 더욱 강한 상향 추세를 보여서 "높은 물가에도 불구하고, 강한 소비력을 보일만큼 경제가 탄탄하다."라는 착각을 하게 만든다. 심지어 이런 착시가 경제성장률에도 반영되어 높은 GDP 수치를 만들어낸다. 미국처럼 경제성장에서 소비가 절대적인 경우에는 성장의 착시 현상까지 초래한다.

실질 소매 판매

— 선행 실질 소매 및 식품 서비스 판매

회색 영역은 미국의 경기침체를 나타냄
출처: Federal Reserve Bank of St. Louis via FRED ®

이런 착시를 벗겨내려면, 실질 소매 판매를 분석하여 가격 효과 price effect가 발생했는지 여부를 파악해야 한다. 실질 소매 판매는 인플레이션을 제외하고 실제 판매 수량을 근거로 한 지표다. FRED의 '실질 소매 판매advance real retail and food services sales' 지표를 나타낸 그래프를 보면, 코로나 이후 미국의 실질 소매 판매는 상승과 하락을 반복하면서 큰 폭의 횡보를 시작했다. 2024년에도 잠시 상승을 했지만, 2025년 들어서 해당 지표는 5월 223,377 → 6월 224,894 → 7월 225,812 → 8월 226,373로 전체적으로 횡보 중이다. 인플레이션 영향을 제외하면 미국의 소비는 실질적으로 둔화 추세라는 의미다.

가격 효과도 경기침체 전조 현상을 파악하는 신호다. 앞서 말한 바와 같이, 가격 효과는 경제에서 발생하는 일종의 '착시 현상'으로, 물건의 판매량은 실제로 줄어들고 있지만 물가(가격)가 올라서 총매출액이 증가하는 상황을 말한다. 이 때문에 경제가 더 활발해 보일 수 있지만, 실제로는 소비자들의 수요가 약해지고 있다는 신호로 해석될 수 있다. 가격 효과가 나타난다고 즉시 경기침체가 오는 것은 아니지만, 재고 감소, 투자 감소, 고용 감소가 이어지면서 경제의 기초 체력이 약해지게 되고, 이런 상황이 오래 지속되면 경기침체에 빠질 가능성이 높아진다.

가격 효과 여부를 판단하려면 단일 지표로는 어렵다. 몇 개의 지표를 조합하여 분석하는 것이 효과적이다. 예를 들어, 핵심 지표로는 명목 소매 판매와 실질 소매 판매를 비교하고, 보조 지표로 CPI, PPI, 재고 대 판매 비율, 기업 이익 마진을 확인하는 것이다. 만일 명목 매출 증가 + 실질 판매 둔화 + 인플레이션 상승 + 재고 증가가 동시에 나타난다면 가격 효과 가능성이 높다고 판단할 수 있다.

필자는 이 지표 조합을 기반으로, 최근 2년의 미국 경제 데이터를 분석해 보았다. 참고로, 분석용 데이터는 FRED에서 추출했으며, 월별/분기별 추세와 전년 대비 성장률을 비교했다. 가격 효과 여부 판단 기준(명목 매출 증가 + 실질 판매 둔화 + 인플레이션 상승 + 재고 증가)을 적용하여, 가격 볼륨 믹스[PVM] 분석으로 정량화했다. 분석 결과, 2024

년 중반부터 2025년 8월까지 가격 효과 징후가 점차 강해지고 있으며, 경기둔화 가능성 징후가 보였다.

먼저, 핵심 지표인 명목 소매 판매와 실질 소매 판매를 비교했다. 분석 기간 동안 명목 소매 판매의 연간 성장률은 평균 4.3% 정도로 안정적으로 증가했다. 구체적으로 2024년 10월에는 3.1%, 2025년 8월에는 4.99%까지 올랐다. 하지만 실질 소매 판매는 평균 1.5%에 그쳤고, 특히 2025년 5월에는 0.99%로 거의 정체되었다. 이 격차는 물가 상승이 매출을 '부풀려' 보이게 만드는 전형적인 가격 효과의 증거다. 2024년 말부터 이 차이가 더 벌어지면서, 소비자들이 물건을 덜 사는 추세가 뚜렷해졌다. 이는 코로나 후유증이나 관세 정책 같은 요인으로 인해 소비 심리가 위축된 결과로 보였다.

보조 지표들을 살펴보며 가격 효과가 정말 일어나고 있는지 추가로 확인해 보았다. 첫째, 인플레이션 압력을 나타내는 소비자물가지수 CPI와 생산자물가지수 PPI를 분석했다. CPI는 우리가 사는 물건의 가격 변화를, PPI는 기업이 원자재를 사는 비용의 변화를 보여준다. 분석 기간 동안, CPI의 연간 상승률은 평균 2.5~3%로 안정적이지만 지속적으로 올랐고, 2025년 들어 2.74%까지 치솟았다. PPI도 2024년 초 마이너스에서 2025년 1~2%대로 전환되며 비용 압력이 커졌다. 이는 기업들이 원가 상승을 소비자가격에 전가하면서 명목 매출을 높이고 있음을 나타내며, 실질 수요를 줄이는 악순환을 초래한다. 둘째, 재고 대 판매 비율은 기업들이 쌓아둔 재고가 판매 대비 얼마나 많은지를 나타내는데, 이 비율이 높아지면 수요가 약해졌다는 신호다. 분석 기간 동안이 비율은 1.37~1.39 정도로 안정적이지만, 2025년 들어 약간 감소하는 추세를 보였다. 이는 기업들이 재고를 줄이기 위해 할인을 시작한 초기 단계라고 해석할 수 있다. 마지막으로, 기업 이익 마진은 가격 효과가 지속되면 할인 경쟁으로 인해 줄어든다. 실제로 2024년에는 분기별로 4~10% 증가했지만, 2025년 1분기 -1.69%, 2분기 -3.25%로 급격히 하락했다. 이는 기업들이 가격을 올려도 판매량 감소로 이익이 줄어드는 상황을 보여준다.

필자는 해당 데이터를 더 세밀하게 분석하기 위해 '가격 볼륨 믹스 PVM'라는 방법을 썼다. 이는 매출 변화를 가격 효과(물가 상승 기여), 볼륨 효과(실제 판매량 기여), 믹스 효과(상품 종류 변화 기여)로 나누는 방법이다. 마치 케이크를 자르듯 매출 증가의 원인을 분해하는 것이다. 분석 결과, 명목 성장률 4.3% 중 가격 효과가 2.6%(약 60%)를 차지했고, 볼륨 효과는 1.5%에 불과했으며, 믹스 효과는 0.2%로 미미했다. 특히 2025년 들어 가격 효과 비중이 70% 이상으로 늘어나면서, 인플레이션이 매출을 '메우는' 역할이 커졌음을 알 수 있다. 이는 난순한 숫자가 아니라, 소비자들이 필수품 외에 지출을 줄이고 있다는 말이다.

최근 2년 미국 경제에서 가격 효과의 가능성이 상당히 높았다. 명목 매출 증가와 실질 판매 둔화가 동시에 일어나고, 인플레이션 상승과 기업 이익 감소가 이를 뒷받침한다. 재고 비율은 아직 크게 오르지 않았지만, 전체 패턴은 경기둔화의 초기 징후와 유사했다. 2026년에는 트럼프 관세의 뒤늦은 영향으로 인해 근원 물가가 다시 3% 이상 치솟을 것이라는 예측이 커지고 있다. 만약 2025년 트럼프 행정부의 관세 정책이 물가를 더 올리면, 가격 효과 현상이 심화될 수 있다.

▨ 경기침체 직전을 알리는 신호③: 기업 판매 및 이익 증가율

기준금리 인하 시기에 경기침체 발생 여부를 판가름하는 중요한 신호로 '기업 이익 감소'를 들 수 있다. 다음 그래프를 보자. 경기침체나 불황기에는 기업 이익 움직임에 독특한 패턴이 나타난다. 경기침체가 발생하지 않은 1995년 모델에서는 기업 이익이 장기간 하락하지 않았다. 반면, 경기침체가 발생한 2002년 모델에서는 3년간, 2008년 모델에서는 2년간 기업 이익이 감소 추세를 보였다. 기업 이익이 기술적 반등을 보인 중간 지점을 기준으로 삼을 때, 전반부의 기업 이익 하락은 경기침체 진입 위기를 알리는 신호 역할을 했고, 후반부의 기업 이익

경기침체 혹은 불황기 진입 신호 - 기업 이익

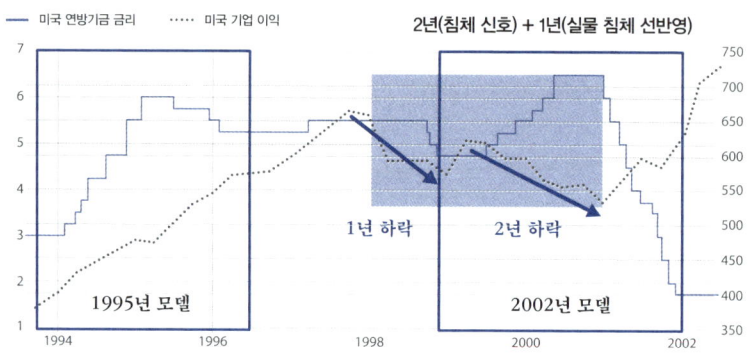

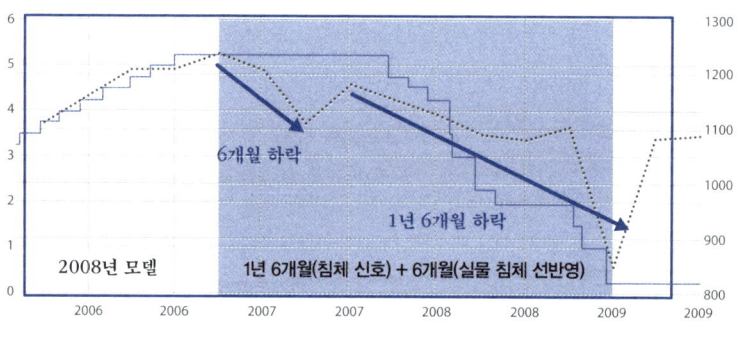

출처: TRADINGECONOMICS.COM

하락은 실물경기 침체의 선반영이라고 해석할 수 있다. 참고로, 기업
이익 →GDP → 실업률 순서로 지표 움직임이 나타난다.

2025년 9월 기준, 미국의 기업 이익 움직임은 어떤 상황일까? 다음
그래프를 보자. 지난 30년간 미국의 기업 이익 추세선을 미국의 소비
자 지출 추세선과 비교했다. 경기침체에 빠진 2002년과 2008년 사례

미국 30년간, 기업 이익과 소비자 지출 비교

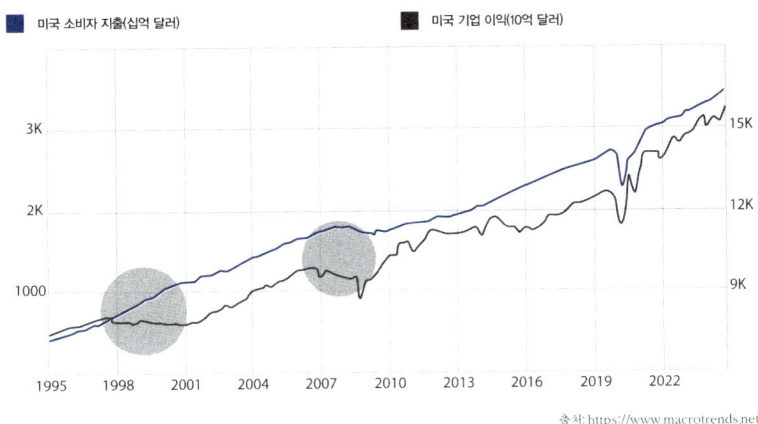

■ 미국 소비자 지출(십억 달러)　　　　　■ 미국 기업 이익(10억 달러)

출처: https://www.macrotrends.net

를 보면, 기업 이익 추세선이 크게 꺾이는 동안에도 소비자 지출은 계속 증가했다. 앞서 설명한 '가격 효과' 때문이다. 코로나19 이후, 미국의 기업 이익은 기준금리의 가파른 상승에도 불구하고 2번 정도의 아주 일시적인 하락을 보였지만, 계속 우상향 추세를 보이고 있다. 연준이 기준금리 인하를 해도 경기침체에 빠지지 않은 1995년 모델과 비슷한 움직임을 보이고 있다.

그런데 코로나19 이후 기업 이익과 소비자 지출 추세선 움직임은 예전과 다른 것이 하나 더 있다. 2024년부터 소비자 지출 추세선 각도가 더 상승했다. 최근 추세를 확대한 다음 그래프를 보면, 그런 현상이 뚜렷하게 보인다. 이유는 무엇일까? 필자가 추정하는 이유는 2가지다.

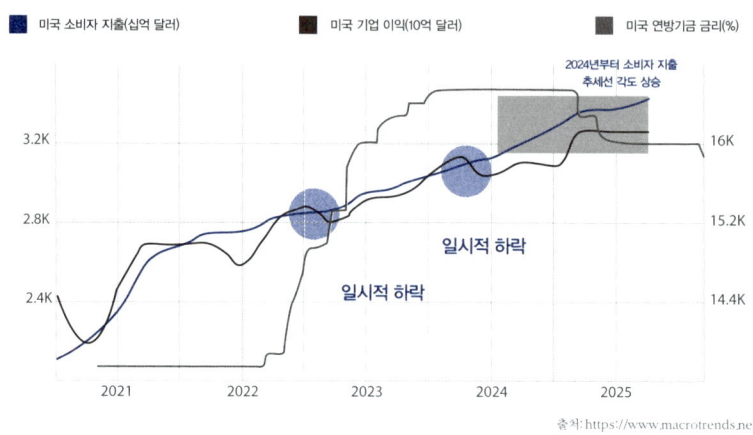

코로나 이후, 미국 기준금리 · 소비자 지출 · 기업 이익 비교

■ 미국 소비자 지출(십억 달러)　　　　■ 미국 기업 이익(10억 달러)　　　　■ 미국 연방기금 금리(%)

2024년부터 소비자 지출
추세선 각도 상승

일시적 하락

일시적 하락

3.2K　　16K

2.8K　　15.2K

2.4K　　14.4K

2021　　2022　　2023　　2024　　2025

출처: https://www.macrotrends.net

첫째, 가격 효과가 더 커졌다. 둘째, AI 버블로 인한 착시 효과다.

　　다음 그래프도 살펴보자. 소비자 지출과 물가상승률을 뺀 소비자 실질 지출을 비교한 것이다. 소비자 실질 지출은 코로나 충격을 받은 구간을 제외하고는 상승 추세선의 기울기가 바뀌지 않았다. 반면 소비자 지출은 2021년 3월부터 기울기가 급상승했다. 가격 효과가 커졌다는 의미다. 그리고 2023년 1월에는 기울기가 약간 감소했다가, 2024년 1월부터 다시 기울기가 증가했다. 즉, 2024년 4분기와 2025년 1분기의 기업 이익이 상승세로 돌아섰다고 해서, 미국 소비자들의 실질 소비가 증가한 것은 '전혀' 아니라고 할 수 있다.

　　그러면 2024년 4분기와 2025년 1분기의 기업 이익이 상승세로 돌

소비자 지출과 소비자 실질 지출 비교

— 개인소비지출
— 실질 개인소비지출

회색 영역은 미국의 경기침체를 나타냄

출처: U.S. Bureau of Economic Analysis via FRED©

아선 진짜 이유는 무엇일까? AI 버블 붐이 일어나면서, 일명 '매그니피슨트 7(애플, 아마존, 알파벳, 메타, 마이크로소프트, 엔비디아, 테슬라)'처럼 S&P 500의 35%를 차지하는 빅테크 거물들이 전체 기업 이익 규모를 왜곡하는 착시를 만든 것으로 추정된다. 만약 이런 왜곡이 없어서 2024년 4분기와 2025년 1분기의 기업 이익이 상승세로 돌아서지 못했다면, 무엇을 의미할까? 2002년과 2008년 사례에서 보았던 '기업 이익이 첫 번째 하락하는 구간(6~12개월)'이 만들어졌을 것이다.

〰️ 미국 가계 소비력에 문제가 생겼다는 신호들

앞에서 경기침체 직전에 나타나는 3가지 실물경제 선행 신호를 살펴보았는데, 그 밖에도 중요하게 살펴봐야 할 사항은 미국 가계의 소비력이다. 미국 GDP의 약 70%를 소비자 지출이 차지하기 때문이다. 2025년 현재, 미국 가계의 소비력에 문제가 생겼다는 신호들이 계속 나오고 있다.

그중에서 한 지표를 살펴보자. 아래 그래프는 GDP에서 노동 보상 (임금, 급여 등)이 차지하는 비율, 그리고 상위 0.1% 계층(극소수 부유층)과 하위 50% 계층(저소득층)이 전체 순자산net worth에서 각각 차지

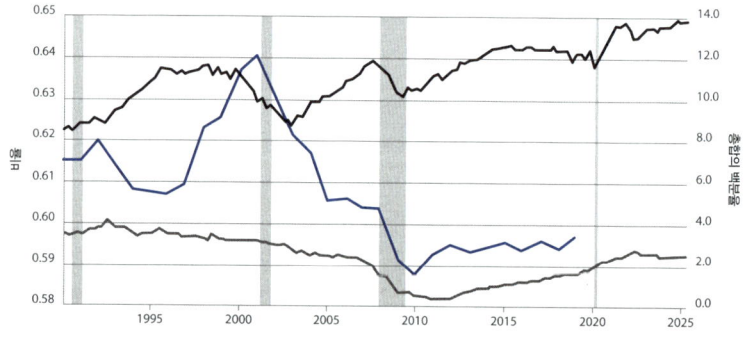

노동 보상 비율과 계층별 순자산 비중

—— 미국 노동 보상 비율(현재 명목 가격 기준) (왼쪽)
—— 상위 0.1% 계층이 보유한 순자산 비율 (오른쪽)
—— 하위 50% 계층이 보유한 순자산 비율 (오른쪽)

회색 영역은 미국의 경기침체를 나타냄

출처: Board of Governors of the Federal Reserve System (US); University of California, Davis; University of Groningen via FRED®

하는 비율을 나타내고 있다.

'GDP에서 노동 보상(임금, 급여 등)이 차지하는 비율'(파란색 선) 은 1995년 약 0.62에서 시작해 2000년대 초반에 잠시 상승한 후 지속 적으로 하락하는 추세다. 2010년대 들어 더 가파르게 떨어지며, 2020 년대 들어서는 0.59~0.60 수준으로 안정되지만 여전히 역사적 저점 근 처다. '상위 0.1% 계층(극소수 부유층)이 전체 순자산에서 차지하는 비 율'(검은색 선)은 1995년 약 6~7%에서 시작해 꾸준히 상승하며, 2025 년에는 12~13% 수준에 도달한다. 특히 2010년대 후반과 2020년대에 가파른 상승을 보이는데, 이는 주식시장 호황과 자산 가격 상승으로 인 해 부유층의 자산이 집중된 결과였다. 경기침체 중에도 이 비율은 오히 려 상승하거나 유지되는 경향이 있어, 위기 시 부의 재분배가 상위층에 유리하게 작용한다는 것을 알 수 있다. 반면 '하위 50% 계층(저소득층) 이 전체 순자산에서 차지하는 비율'(회색 선)은 1995년 약 3%에서 시 작해 점차 하락하며, 경기침체 기간에 더 가속화되었다. 2022년 이후 에는 완만하지만 다시 하락하기 시작했다.

결론적으로, 2022년 이후 미국 경제의 불평등이 심화되고 있음을 알 수 있다. 전체 순자산이 증가하더라도 대다수를 차지하는 저소득층 의 순자산 비율이 낮아진다면, 가계 소비력이 제약될 수 있다.

또 다른 지표를 살펴보자. 2025년 8월 5일, 뉴욕 연준^{Federal Reserve}

Bank of New York의 〈2025년 2분기 가계부채 및 신용 보고서Household Debt and Credit Report〉가 공식 발행되었다. 이 보고서에서 다루는 데이터는 모든 형태의 소비자 부채를 포착한다. 주택담보대출, 신용카드, 자동차 할부, 학자금 대출, 주택 담보 신용 한도, 제3자 추심까지 포함된다. 그렇기 때문에, 헤지 펀드, 연기금, 국부 펀드 같은 기관들이 이 보고서를 소비자의 신용 상태, 소비 여력을 들여다보는 거울처럼 여긴다. 특히, 이 보고서에서 다루는 소비자 신용 지표들은 6~12개월 후에는 기업의 실적에 반영된다. 그래서 '선행 지표' 성격을 가진다. 해당 보고서가 보내는 미국 가계의 부채 및 신용에 대한 주요 경고 신호 및 연체율 현황을 정리해 보자.

첫째, 총 가계부채 현황이다. 2025년 2분기 미국의 총 가계부채는 18조 3900억 달러에 도달했다. 2025년 1분기보다 1850억 달러(1%p) 늘어난 수치다. 2019년 말과 비교하면 무려 4조 2400억 달러가 증가했으며, 이 규모는 독일 GDP 전체와 맞먹는다. 주택담보대출(1310억 달러 증가)을 비롯해 신용카드 부채(320억 달러 증가), 자동차 대출(170억 달러 증가) 등이 주요 요인으로 지목되었다.

둘째, 신용카드 연체율이다. 2025년 2분기 기준, 신용카드 잔액은 1조 2100억 달러(약 1688조 원)이다. 문제는 90일 이상 연체된 카드 대출 연체율이 12.3%로 급등했다. 2008년 글로벌 금융위기(약 13.1%)

이후 가장 높은 수준이고, 2009년 리먼 브라더스 붕괴와 베어스턴스 구제 이후 처음 등장한 수치라고 한다. 현재 실업률이 낮고 주식시장이 사상 최고치를 갱신하고 있다고 해서 안심할 수 없는 이유다.

참고로, 미국에서 신용카드 연체율은 '탄광 속의 카나리아'처럼 시장의 위험을 선제적으로 알려주는 금융 지표다. 미국의 신용카드 이자는 매우 높다. 개인이 금융 패배를 선언할 때 가장 먼저 포기하는 것이 신용카드이다. 미국 소비자가 신용카드 결제를 포기한다는 것은 이미 다른 모든 방법(가족에게 돈 빌리기, 물건 팔기, 야간 부업 등)을 다 소진했다는 뜻이다. 이런 상황에서, 미국 은행들은 여전히 신용카드 한도액을 2분기에만 780억 달러를 증가시켰다. 이것이 현재 미국 가계 금융의 실상이다. 대출 기관들이 절박해지는 소비자들에게 신용 공급을 오히려 늘리고 있다는 것은 무엇을 의미할까? 연체율을 줄이기 위한 궁여지책, 꼼수일 가능성이 높다. 당장 눈에 보이는 신용카드 연체율을 낮추기 위해, 돌려막기를 할 여력을 늘려주어, 소비자에게 위험을 떠넘기는 것이다.

셋째, 자동차 할부 금융 연체율이다. 2025년 2분기 기준, 자동차 대출 연체율은 약 5%로, 14년 만에 최고치다. 금융위기 여파가 이어지던 2010~2011년의 자동차 대출 연체율이 약 5.3%였다. 신규 자동차 대출의 중앙값 신용 점수도 단 한 분기 만에 6포인트 하락했다. 특히, 자동

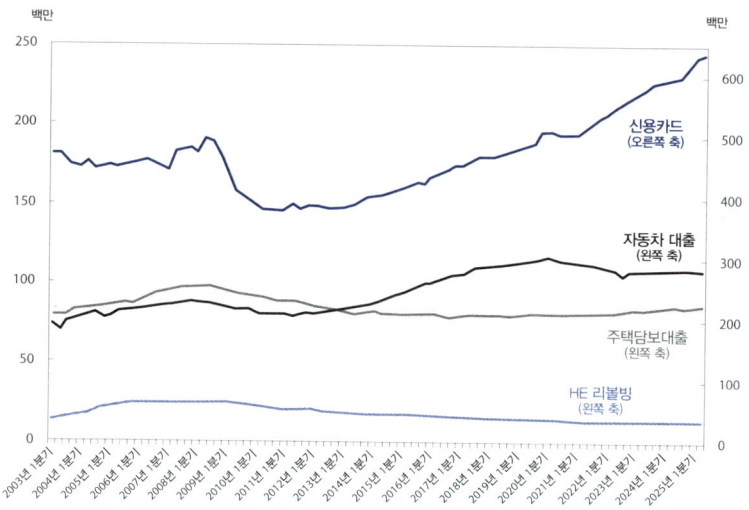

대출 유형별 계좌 수

백만

신용카드
(오른쪽 축)

자동차 대출
(왼쪽 축)

주택담보대출
(왼쪽 축)

HE 리볼빙
(왼쪽 축)

출처: New York Fed Consumer Credit Panel/Equifax

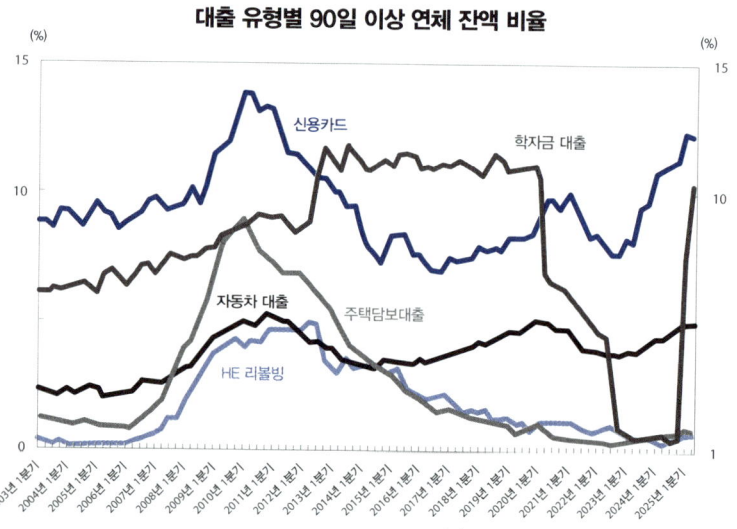

대출 유형별 90일 이상 연체 잔액 비율

(%)

신용카드

학자금 대출

자동차 대출

주택담보대출

HE 리볼빙

출처: New York Fed Consumer Credit Panel/Equifax

차 대출 하위 10분위 선이 곤두박질치고 있다. 점점 더 위험한 차주들에게 점점 더 형편없는 조건으로 대출을 내주고 있다는 말이다. 자동차 딜러들이 재고를 털어내려고 필사적이라는 것을 의미한다. 이런 상황을 '닌자 대출NINJA loan' 현상(소득도, 직업도, 자산도 없는 사람에게 대출해 줌)이라고 부른다. 대출 유형별로 계좌 수와 연체율을 나타낸 두 그래프를 보면, 신용카드 계좌 개설은 계속 증가(돌려막기 증가)하고, 자동차 대출 계좌는 정체(자동차 구매는 정체, 연체는 증가) 상태임을 보여준다.

넷째, 학자금 대출 연체율이다. 2025년 2분기 기준, 미상환 잔액은 무려 1조 6400억 달러다. 미상환 잔액의 규모는 큰 문제가 되지 않는다. 문제는 연체율이 10.2%에 도달했다는 것이다. 특히, 최근 연체율이 급증하기 시작했다. 학자금 대출 연체가 높아졌다는 것은 무엇을 의미할까? 대학을 졸업하고 상환 유예가 끝난 30대 연령층에서 금융위기가 시작되고 있다는 의미다. 미국에서 학자금 대출은 (2008년 모기지 위기 때처럼) 단순히 집 열쇠를 우편으로 보내고 끝낼 수 없다. 학자금 대출은 파산, 이혼, 금융 파국 속에서도 사라지지 않고 '무덤까지 따라간다'. 신용카드 연체율, 자동차 할부 금융 연체율이 단기적 소비력 하락에 영향을 준다면, 학자금 대출 연체율은 중장기적 소비력 하락에 영향을 준다.

신용카드 및 HE 리볼빙(주택 담보 회전 신용)의 신용 한도 및 잔액

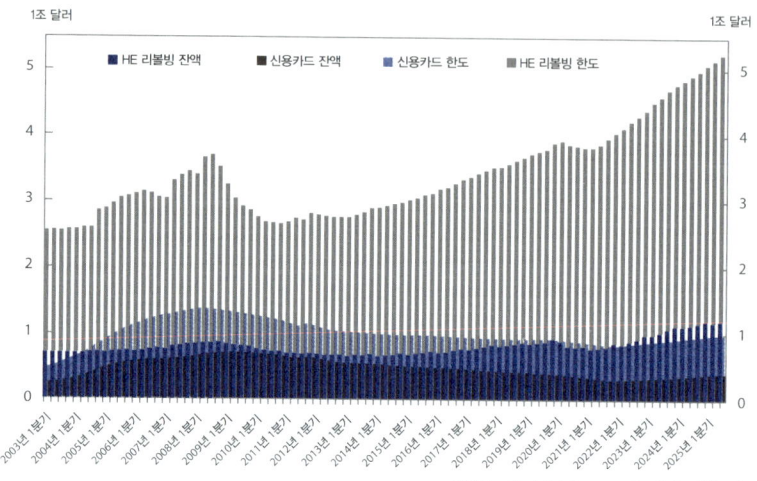

출처: New York Fed Consumer Credit Panel/Equifax

마지막으로 살펴볼 지표는, 미국 가계의 신용카드와 주택 담보 회전 신용Home Equity Lines of Credit, HELOC의 잔액과 한도 그래프다. 주택 담보 회전 신용이란, 주택 소유자들이 집 가치의 일부를 담보로 빌려 쓸 수 있는 회전 신용(재사용 가능)으로, 필요 시 인출하고 상환하는 형태다. 이 잔액은 실제 빌린 금액을 나타내며, 소비자들의 주택 자산 활용 정도를 보여준다. 반면, 주택 담보 회전 신용의 총 한도는 주택 가치 평가에 따라 설정된다. 주택 담보 회전 신용의 잔액은 2022년 저점(약 0.3조 달러)부터 회복되어 2025년 2분기 약 0.4조 달러로 상승하며, 한도도 점진적 증가를 보이고 있다.

신용카드 잔액은 신용카드의 미상환 잔액으로, 소비자들이 카드로 지출한 후 갚지 않은 금액이다. 반면, 신용카드의 총 한도는 은행이 소비자에게 허용한, 최대로 빌릴 수 있는 금액이다. 최근(2021~2025년)에 신용카드 한도액이 가파르게 상승하며 2025년 2분기 약 4.5~5조 달러에 도달했다. 신용카드 잔액도 증가해 약 1~1.2조 달러 수준이다.

그래프가 의미하는 것을 정리하면 다음과 같다. 2021년부터 최근까지 신용카드 한도 증가액이 이전 규모보다 컸다. 신용카드 한도가 증가하는 만큼 신용카드 연체도 증가 중이다. 미국 은행이 소비자 대출을 이전보다 많이 늘렸고, 미국 소비자도 신용카드 빚을 늘려 소비를 했다는 뜻이다. 이것이 최근 지표상에서 높은 물가에서 불구하고 소비력이 견고하게 나타났다고 외치는 놀라움의 실상이다. 그리고 2025년 2분기부터 미국 소비자의 신용 스트레스는 우려할 수준에 진입했고 점진적 악화 추세가 꺾이지 않고 있다.

2026년 미국 소비자들의 금융 상황은 어떻게 될까? 첫째, 미국 소비자들은 점점 더 큰 재정적 압박을 받게 될 것이다. 둘째, 돌려막기에 한계를 느끼기 시작한 소비자들부터 물건을 사지 않기 시작할 것이다. 2~3개월 내 신용카드 최소 결제조차 못하는 사람들은 새 옷을 사거나 외식을 하거나 여행을 가지 않는다. 셋째, 이런 결과는 2026년 상반기 정도(보고서 발표 9~12개월 후)에 기업들이 분기 실적에서 수요 약화를 체감하는 지표로 나타날 것이다. 넷째, 이런 결과는 2026년 하반기 정도(보고서 발표 12~18개월 후)에 기업들이 수요 감소에 대응하기 위해 비용 절감에 나서게 만들고, 그 시작은 인건비 감축이 될 것이다.

3

세 개의 폭풍이 빚어낼 복합 위기 시나리오

2026년 2가지 시나리오가 싸운다

미래는 '예언'할 수 없다. 대신 '예측'할 수는 있다. 미래가 어떻게 될지 점쟁이처럼 맞출 수는 없지만, 논리적·확률적으로 '경우의 수'를 미리 생각해 볼 수는 있다는 의미다. 필자가 예측해 본 2026년 미국 주식시장의 '경우의 수'는 크게 2가지다.

시나리오1: 2026년 전형적인 폭락 장세가 일어난다. 이럴 경우, 2027년 대반등 시작, 2028년 대세 상승장으로 진행된다.

시나리오2: 2026년에 2단 대폭등 장세가 일어난다. 이럴 경우, 2027년 대폭락, 2028년 대반등 시작이다.

2024년, 필자는 다음해인 2025년 미국 주식시장에 대해 2가지 모델을 가지고 예측했었다. 1994년 모델(연준이 기준금리를 올린 후 인하를 시작해도 경기침체가 발생하지 않음)과 2008년 모델(기준금리 인하기에 경기침체와 주식시장 폭락이 발생함)이었다. 당시 분석으로는 경기침체 발생 가능성 80%, 경기침체 미발생(노랜딩) 가능성 20%였지만, 최종적으로 어느 쪽으로 확정될지는 2025년 여름을 지나야 알 수 있을 것이라고 예측했다. 하지만 필자의 예측과는 달리, 2025년 여름이 지난 지금까지도 2개의 모델 중에서 어떤 모델로 결정될지는 여전히 오리무중이다. 몇 가지 요인이 복합적으로 작용하면서 '지연delay' 현상이 일어났기 때문이다. 지연 현상을 일으킨 요인들로는 트럼프와 파월의 '갈등', 그 갈등으로 인한 실물경제 및 투자시장의 '왜곡', 이런 왜곡으로 발생하는 호황-불황 패턴과 사이클의 '연기', 그리고 앞의 3가지로 인해 발생하는 투자시장의 '혼란' 등을 꼽을 수 있다.

이런 요인들로 인해 주식시장 조정과 경기침체가 지연되고, 그 결과로 미국 주식시장의 상승 국면이 지속되는 것이 마냥 좋은 일은 아니다. 일어나야 할 위험이 지연된다면, 알아두어야 할 것이 두 가지 있다. 하나는 일어나야 할 위험이 사라진 것이 아니라, 말 그대로 연기되었을 뿐이라는 점이다. 다른 하나는 대가를 치르지 않는 지연은 없으며, 위험을 지연시킨 대가를 누군가는 치르게 된다는 점이다.

이 책에서 내내 설명한 내용이 바로, 그동안 위험을 지연시켜 온 대가가 어떻게 나타날지에 대한 것이었다. AI 추가 버블, 미국부터 유럽까지 주요 선진국들에서 나타난 경기침체와 정부 재정적자 및 국가 부채 증가, 중국의 깊은 침체 시작 등이다. 그리고 2026년에는 이런 것들이 지정학적 갈등, 안일한 시장 심리 등과 결합되어 '복합 위기polycrisis'를 만들어내는 대가를 치르게 될 것이다. 그리고 이런 복합 위기의 폭풍이 지구촌 곳곳의 약한 고리들을 흔들어댈 것이다. 국가 단위에서는 프랑스, 영국, 중국을 흔들 것이고, 계층 단위에서는 서민층과 중산층을 흔들 것이다. 한국 경제의 취약한 고리도 강타할 것이다. 대외적으로는 환율이고, 대내적으로는 서민과 중산층의 경제를 강타할 것이다.

그리고 미국 주식시장도 상승을 하든 그렇지 않든 '불안함'이 가득한 한 해가 될 것이다. 2026년이 불안함이 가득한 한 해가 되는 이유도 분명하다. 2026년이 강한 상승장이 될 것이라고 단언하는 이들도 잘 알 것이다. 영원히 상승하는 시장은 없다는 것을 말이다. 그리고 상승이 크면 클수록, 버블이 크면 클수록, 그다음에 찾아오는 하락과 붕괴도 그만큼 크다는 것을 말이다.

2026년에도 "AI 버블 붕괴는 없다." 혹은 "AI 기술은 진짜이기 때문에 버블이 아니다."라는 말을 자주 들을 것이다. 혼동하지 말라. 이때 말하는 '버블'이라는 말과 투자시장에서 말하는 '버블'이라는 말은 같은 단어지만 다른 면을 설명한다. 필자 역시 'AI 시대로의 진입'은 대세라는 데 동의한다. 잠깐 있다가 사라지는 유행이나 가짜가 아니라 새로운 패러다임 진입이 맞다. 이런 의미에서는 버블(유행이나 가짜)가 아니다. 하지만 최소 한 번은 투자시장에서 버블 붕괴라는 강을 건너야 한다. 이때의 버블은 '가짜 AI 기업'과 엄청난 경쟁에서 살아남지 못하는 '허약한 AI 기업'이 자본 조달의 호흡기가 끊어지면서 파산하는 버블 붕괴를 가리킨다. 가짜가 가려지고 옥석이 구분되어, 진짜 AI 기업에게 투자금이 건강하게 재배치되는 과정에서 만들어지는 투자시장의 버블 붕괴를 의미한다. 20세기 초 미국의 기술혁명도 대공황이라는 버블 붕괴의 강을 건넜고, IT 혁명도 닷컴 버블 붕괴라는 강을 건넜다. 지금의 AI 혁명도 버블 붕괴의 강을 건너야 한다. 그 시기가 2026년이 될지, 2027년이 될지만 남았을 뿐이다.

그 시점이 빠르면, 시나리오1의 '정상적 버블, 정상적 붕괴'가 될 것이다. 반대로 그 시점이 늦으면, 시나리오2의 '극단적 버블, 극단적 붕괴'가 될 것이다. 필자는 2026년은 이 두 가지의 시나리오가 싸우는 한 해가 될 것이라고 예측한다. 그래서 하락한다고 해도 두렵고, 하락하지 않고 추가 상승을 한다고 해도 불안한 한 해가 될 것이다.

시나리오1: 정상적 버블, 정상적 붕괴

먼저, 시나리오1의 '정상적 버블, 정상적 붕괴' 상황에서 미국 주식시장의 움직임을 예측해 보자. 이 시나리오의 핵심은 2026년에 AI 버블이 '정상적' 범위 내에서 형성되고 붕괴한다는 점이다. 그래서 전형적인 폭락 장세에 가까워진다. 이럴 경우, 미국 주식시장은 S&P 500 지수를 기준으로 30~40% 수준의 폭락장이 일어날 가능성이 높다. 하지만 매우 빠른 반등 속도를 보일 것이다. 시장에 이런 수준의 폭락을 이겨낼 수 있는 유동성의 힘과 AI 기대치가 있기 때문이다. 그래서 2027년부터는 대반등이 시작될 것이고, 2028년부터는 주식시장에서 대세상승장, 실물경제에서는 최소 6~7년, 최내 10년 이상 지속되는 새로운 경제 호황기 패턴이 시작될 것이다.

이 시나리오는 시장의 펀더멘털을 파괴하는 구조적 위기가 아니라, 다음 강세장, 즉 진짜 AI 산업의 대세장을 위한 건강한 '가격 정상화' 과정이라는 데 초점이 맞추어진다. 시나리오1의 진행 과정을 단계별로 더 자세히 살펴보자.

1단계: 정점 형성기 – 마지막 환호

2025년 내내 지속된 AI 주도 랠리는 2026년 초 정점을 향해 치닫는다. 시장은 연준의 금리 인하 기대감과 AI가 가져올 생산성 혁명이라는 두 가지 강력한 서사를 동력으로 삼아 마지막 불꽃을 태운다. 하지만 표면적인 환호의 이면에서는 전형적인 강세장 막바지 징후들이 뚜렷해진다.

- **이론적 배경**

① 금융 불안정성 가설로 유명한 하이먼 민스키 모델의 '열광euphoria' 및 '수익 실현profit taking' 단계에 해당한다. 투자자들은 "이번엔 다르다!"라는 확신에 차 있지만, 스마트 머니는 서서히 포지션을 정리하기 시작한다.

② 뱅크 오브 아메리카Bank of America의 분석에 따르면, AI는 경제 생산성을 재편하며 시장을 지탱하지만, 과도한 기대가 취약점을 만들 수 있다. 이는 로버트 실러Robert Shiller의 '합리적 버블' 이론과 일치한다.

- **시장 패턴**

① 밸류에이션 부담: 2025년에는 선행 주가수익률P/E이 27~31배로 닷컴(48~70배)의 절반 이하였다. 실질 수익도 좋았다. 엔비디아가 130억 달러 수익을 올리며 70% 마진을 기록했고, 매그니피슨트 7은 연간 1.7조 달러 수익과 500억 달러 운영 수익을 내고 있었다. 하지만 2026년 초까지 추가 상승이 일어나면서 '경기조정 주가수익률(일명 실러 P/E 비율 또는 CAPE)'이 역사적 고점 근처에 근접한다. 이는

시장이 미래 이익을 과도하게 앞당겨 반영하고 있음을 시사하는 경
고 신호다.

② 쏠림 현상 심화: 소수의 AI 관련 빅테크 주식에만 매수세가 집중되
면서 시장의 폭**market breadth**은 오히려 좁아진다. 다우존스 운송지수와
같은 경기 민감 지표들이 주가지수 상승을 따라가지 못하는 '다우 이
론'상의 약세 다이버전스**bearish divergence**가 관찰될 수 있다.

③ 연준의 딜레마: 예상보다 끈질긴 인플레이션으로 인해 연준의 금리
인하 시점과 폭에 대한 불확실성이 커진다. 시장은 금리 인하를 기대
하지만 연준은 섣불리 움직이지 못하면서 '스태그플레이션' 우려가
고개를 든다.

2단계: 촉발과 붕괴 – 예고된 정상적 붕괴

시장의 과열된 열기는 사소해 보이는 몇 가지 균열로 인해 급격히
냉각된다. 이는 단일 사건보다는 복합적인 요인들이 임계점을 넘어서
며 발생할 가능성이 높다.

● 잠재적 촉발 요인

① 실적 쇼크: 시장의 기대를 한 몸에 받던 핵심 AI 기업 중 한두 곳이
예상치를 하회하는 실적 가이던스를 제시한다. 특히 기업들의 AI 관
련 자본 지출이 둔화되고 있다는 소식은 투자 심리에 치명타를 입힐

수 있다. AI 기업들은 여전히 수익을 내지만, 2025년보다 한층 더 높아진 기대감 때문에 '기대-현실 격차'가 시장을 흔드는 계기가 된다.

② 신용 경색 징후: 고금리 환경이 장기화되면서 상업용 부동산, 하이일드 채권, 또는 사모 대출 시장에서 부실 징후가 나타나며 신용 시장 전반에 불안감을 확산시킨다.

③ 연준의 정책 실수: 연준이 뒤늦게 경기둔화를 인지하고 정책 전환을 시사하지만, 시장은 이를 '너무 늦었다too little, too late'라고 판단하여 오히려 경기침체에 대한 공포를 키운다.

• 붕괴 메커니즘

이들 촉발 요인은 알고리즘 트레이딩, 엔 캐리 트레이드 등과 연계되어 하락 속도를 가속화한다. 특정 지지선이 무너지면 프로그램 매물이 쏟아져 나오고, 이는 연쇄적인 마진콜을 유발하며 지수를 단기간에 30~40% 끌어내린다.

• 과거 패턴과의 비교 — 왜 80% 폭락이 아닌 30%대 조정인가?

① 닷컴 버블 붕괴(2000~2002년)와의 차이점: 2026년의 AI 버블 붕괴는 2000년 닷컴 버블의 재현이 아닌, 역사적으로 반복되어 온 전형적인 경기침체기 약세장(-30~40%)의 패턴을 따를 가능성이 높다. 가장 큰 차이점은 버블의 '규모'와 '성격'에 있다. 닷컴 버블은 정상적인 버블의 범주를 넘어선 '2단 로켓'과도 같았던 비이성적 과열

irrational exuberance의 형태여서 폭락률이 −80%에 육박했다. 반면 시나리오1의 AI 버블은 강력하지만 상대적으로 통제된 '1단 추진'의 형태를 갖는다. 로베코^{Robeco}의 최근 연구에서도, 현재 AI 버블의 2년 상승률 (약 80%)은 과거 '터지는 버블'의 평균(200%)에 미치지 못해, 극단적 붕괴가 아닌 정상적 조정의 가능성이 더 높다고 평가했다.[34] 닷컴 버블처럼 순수 기술 버블이 아니라, AI가 실물경제와 결합되었다는 점도 이유다. 2002년 당시에는 수많은 기술 기업들이 수익 모델 없이 아이디어만으로 상장되었다. 그러나 2026년의 AI 주도 기업들은 이미 막대한 현금 흐름을 창출하는 우량 기업이라는 점에서 펀더멘털의 기반이 다르다. 따라서 붕괴는 '기업의 생존' 문제가 아닌 '밸류에이션의 재조정' 성격이 강하다.

② 정상적 경기침체기 폭락^{recessionary bear market}과의 유사점: 1928년 이후, 경기침체를 동반한 약세장에서 S&P 500은 평균적으로 30%대의 하락률을 기록했다. 시나리오1이 현실이 된다면, 2단계의 비이성적 거품이 없기 때문에, 시장은 1단계의 과도한 기대감만 걷어내면 된다. '닷컴 버블의 재앙'이 아닌, '건강한 약세장을 통한 숨 고르기'에 가깝다. 버블의 규모가 정상 범주를 벗어나지 않았기에, 그 붕괴 또한 시장이 충분히 감내하고 다음 상승을 준비할 수 있는 수준에서 마무리될 것이다. 참고로, 이 과정에서 발생하는 −30~40%의 조정은

S&P 500 기준으로 다음과 같은 과거의 '정상적 경기침체기 약세장'
과 매우 유사한 패턴을 보일 것이다.

과거의 정상적 경기침체기	S&P 500 하락폭
2020년 코로나19 팬데믹	−34%
1990년 걸프전 침체	−20%
1980년 오일쇼크 침체	−27%
1962년 케네디 슬라이드	−28%

3단계: 바닥과 반등 − 기대감이 현실을 앞서다

주식시장은 실물경제보다 6~9개월 선행하는 특성을 보인다. 따라
서 실물경제 지표가 최악을 기록하고 대중의 공포가 극에 달하는 시점
에 시장은 조용히 바닥을 다지고 반등을 시작한다.

• 반등의 핵심 동력

① 연준의 전면적인 정책 전환$^{Fed\ pivot}$: 경기침체가 명확해지면 연준은
인플레이션 억제보다 경기부양으로 정책 목표를 완전히 전환한다.
공격적인 금리 인하와 양적완화^{QE} 재개 가능성까지 시사하며 시장에
막대한 유동성을 공급할 것이라는 기대감이 형성된다. 일명 '연준 풋
$^{Fed\ put}$'의 작동이다. 트럼프 대통령도 연일 주식시장을 살리고, 실물경
제의 깊은 침체를 막아야 한다고 연준과 재무부를 다그칠 것이다.
② 견고한 AI 장기 내러티브: 시장은 단기적인 경기침체와 AI의 장기

적인 잠재력을 분리해서 생각하기 시작한다. 폭락으로 인해 매력적인 가격대로 내려온 우량 AI 주식들에 대한 저가 매수세가 강력하게 유입된다. 이는 '경기침체는 AI 기술 도입을 가속화할 것'이라는 새로운 논리로 뒷받침된다.

③ 바닥 인식과 빠른 학습 효과: 2020년 팬데믹 폭락과 V자 반등을 경험한 투자자들은 '연준에 맞서지 말라Don't Fight the Fed'라는 격언을 다시 한번 떠올린다. 유동성의 힘을 믿는 투자자들은 과거보다 훨씬 빠르게 '사자'로 돌아서며, 이는 반등 속도를 더욱 가파르게 만든다. 케인즈Keynes의 '동물적 충동' 이론과도 일치한다.

4단계: 새로운 강세장과 경제호황의 서막

빠른 반등은 단순한 기술적 회복을 넘어, 새로운 경제 패러다임의 시작을 알리는 신호탄이 된다. 경기침체라는 '파괴' 과정이 오히려 경제의 비효율성을 제거하고 AI라는 '창조적' 기술의 도입을 촉진하는 계기가 되기 때문이다.

• 이론적 배경

경제학자 조지프 슘페터Joseph Alois Schumpeter가 주창한 '창조적 파괴' 이론이 현실화된다. 경기침체기 동안 살아남은 기업들은 군살을 빼고 AI 기술을 적극적으로 도입하여 생산성을 극대화한다. 이는 경제 전

반의 체질 개선으로 이어진다. 이러한 확장 국면은 수년간 지속되는 경우가 흔했다.[35]

• 새로운 호황기의 특징

① AI 기반 생산성 급증: AI 기술이 아이디어 단계를 넘어 실제 기업들의 이익과 국가의 GDP에 기여하는 것이 데이터로 증명되기 시작한다. 이는 인플레이션 압력 없이도 높은 경제성장을 가능하게 하는 원동력이 된다. 일명 '생산성 J 커브'가 전개된다. 생산성 J 커브는 초기에는 무형자본(데이터·교육·업무 재설계)을 축적하느라 통계상 생산성이 저평가되다가, 확산기부터 총요소생산성[TFP] 가시화가 일어난다는 이론이다.

② AI 수요·공급 사이드의 유지: 버블 붕괴가 일어나도, AI로 인한 패러다임 대전환이라는 대세는 꺾을 수 없다. 따라서 살아남은 기업들은 투자를 멈출 수 없다. 2025~2028년에도 데이터센터 전력·인프라는 여전히 부족하고, AI 인프라 산업 투자 붐(전력·송전·냉각·공정 등)이 재촉발된다.

③ 장기 상승 사이클 진입: 생산성 향상은 기업 이익 증가 → 고용 및 임금 상승 → 소비 증가 → 기업 투자 확대로 이어지는 선순환 구조를 만들기 시작한다. 이는 단기적인 경기 순환을 넘어서는 6~10년 이상의 장기적인 경제호황, 즉 '슈퍼 사이클'의 기반을 마련한다.

이상과 같이 시나리오1이 현실이 된다면, 2026년의 주식시장 붕괴는 종말이 아닌 '재설정reset'의 과정이 된다. 시장은 이 건강한 조정을 통해 과도한 거품을 걷어내고, AI가 이끄는 실질적인 생산성 혁명을 동력으로 삼아 더욱 견고하고 긴 여정의 대세 상승장을 시작하게 될 것이다. 이는 1987년 폭락 후의 1990년대 호황이나 2008년 위기 후의 2009~2020년 강세장(400% 상승) 패턴의 반복이 될 가능성이 높다.

▨ 시나리오1의 후폭풍: 압축과 재조정의 시기

'정상적 버블, 정상적 붕괴'라는 시나리오1이 현실화될 경우, 그 충격은 주식시장에만 머무르지 않고 실물경제와 다른 자산시장으로 연쇄적으로 파급될 것이다. 다만 핵심 전제는 이것도 2008년 금융위기와 같은 시스템 붕괴, 혹은 2000년 닷컴 버블 붕괴 후의 경기침체와는 다른 '정상적 순환 침체'라는 것이다. 실물경제와 자산시장에도 '짧지만 날카로운' 침체만 유발할 가능성이 높다. 과열된 경제를 식히고 다음 성장을 위해 비효율을 제거하는 '압축과 재조정compression and realignment' 과정의 성격이다. 이런 관점에서 실물경제와 기타 금융 부문이 받게 될 충격의 규모와 수준을 과거 패턴과 이론에 근거하여 예측해 보자.

첫째, 실물경제는 '짧고 얕은 침체short and shallow recession'가 기본 방향이다. 전미경제연구소NBER가 공식적으로 정의하는 경기침체가 발생할 가능성이 매우 높지만, 그 깊이는 2008년 금융위기나 2020년 팬데믹 초기와는 비교할 수 없을 정도로 얕고, 기간도 2~3분기(6~9개월) 정도로 짧을 것으로 예측된다.

2025년 기준, AI 관련 자본적 지출CAPEX이 GDP에 기여하는 비중이 100bp(1%)이므로, 이것이 줄어들면 GDP 성장률은 2~3%p 하락하여 0~-1% 수준으로 둔화될 가능성이 높다. 2024년 8월 7일, 골드만삭스는 "앞으로 주식시장에서 10% 수준의 매도세가 발생할 때마다 미국의 GDP 성장률이 45bp 감소할 것"이라며 "주식시장뿐만 아니라 다른 자산군의 움직임까지 감안하면 총피해 규모는 85bp까지 늘어날 것"이라고 분석했다. 또한 미국의 GDP 성장률이 약 2%로 집계되고 있는 상황에서 증시가 20% 이상 빠질 경우 주식시장 하락세만으로도 미국 경제를 침체 국면으로 몰고 갈 수 있다고 강조했다.

실업률은 2025년의 4%대에서 5.5%~6.5% 수준까지 상승할 수 있다. 과거 패턴을 보더라도, 2001년 경기침체 당시 실업률은 4.2%에서 6.3%까지 상승했고, 1990~1991년 침체기에는 5.4%에서 7.8%까지 올랐다. 2008년 금융위기처럼 10%를 넘어서는 대규모 실업 사태는 발생하지 않을 것이다. 해고는 버블의 진원지였던 기술 및 금융 분야에 집중될 것이다. 반면, 제조업이나 필수 소비재 관련 산업의 고용 충격은 상대적으로 제한적일 수 있다.

소비 위축도 일시적으로 일어날 것이다. 경기침체 직전에 서민층과 중산층의 소비는 이미 위축된 상태다. 주가와 부동산 가격 하락이 일어나면, '역(逆) 부의 효과negative wealth effect'가 발생하여 주식 보유 비중이 높은 고소득층의 소비도 줄어들면서, 특히 고가의 내구재와 사치품 소비가 급격히 위축될 것이다. 이들이 움츠러들면 소비 둔화가 시장 전반으로 확대되면서 자동차, 고급 가전, 해외여행 등의 수요가 일시적으로 급감할 수 있다. 단, 2002년 닷컴 버블 붕괴나 2008년 금융위기처럼 가계부채 부실이 시스템 전체를 위협하는 상황이 아니므로, 소비가 '붕괴' 수준으로 떨어지지는 않고 '둔화'되는 양상을 보일 가능성이 높다.

둘째, 기업 투자 감소는 피할 수 없다. 불확실성 증대로 인해 기업들은 신규 설비 투자와 확장 계획을 전면 보류하거나 취소할 것이다. 과거 패턴을 보면, 경기침체기에 기업들은 현금 확보를 최우선으로 삼기 때문에 자본 지출을 가장 먼저 줄였다. 이는 공급망 전반에 영향을 미쳐 단기적으로 경제 활력을 더욱 떨어뜨리는 요인으로 작용했다. 단, 이번에는 예외가 있다. 이 시기에도 AI 관련 핵심 R&D 및 인프라 투자는 상대적으로 유지될 가능성이 높다(물론 옥석을 가려서 할 것이다).

경기침체를 '미래를 위한 투자'의 적기로 삼는 선도 기업들은 오히려 경쟁 우위를 확보하기 위해 투자를 지속할 것이며, 이는 다음 호황기의 기반이 될 것이다.

셋째, 금융시장도 어느 정도 충격을 받을 것이다. 주식시장의 붕괴는 즉각적으로 신용 시장으로 불안을 전이시키기 때문이다. 일시적 신용경색이 발생할 것이고, 안전자산으로의 도피 행태도 나타날 것이다. 신용 스프레드는 시장의 위험 회피 심리를 가장 잘 보여주는 지표다. 국채와 회사채(특히 하이일드 채권) 간의 금리 차이인 신용 스프레드가 급격히 확대될 것이다. 대략 기업 채권-국채 수익률 차이는 100~200bp 증가할 가능성이 있다. 하이일드 채권의 경우 600~800bp 증가할 수 있다. 이후 완화 국면을 지나 정상화될 때까지 수개월~1년 정도 시간이 걸릴 것이다.

이렇게 투자자들이 위험한 자산을 버리고 안전한 미국 국채로 몰려들면서, 신용도가 낮은 기업들은 자금 조달에 극심한 어려움을 겪게 된다. 이는 기업 자금 조달 비용 상승으로 이어진다. 그 과정에서, 일부 한계기업들은 파산에 이를 수 있다. 가짜 AI 기업과 경쟁력을 상실한 AI 스타트업들이 대거 파산할 수 있다. 벤처캐피탈[VC] 및 기업공개[IPO] 시장도 일시적으로 얼어붙을 것이다. 스타트업에 대한 신규 투자가 끊기고, 기업공개 시장은 사실상 개점 휴업 상태에 들어간다. 벤처캐피탈들은 새로운 투자처를 찾기보다는 기존에 투자한 포트폴리오 기업의 생존을 돕는 데 집중할 것이기 때문이다.

하지만 시나리오1에서는 이런 현상이 길게 가지는 않을 것이다. 2026년 버블 붕괴가 달러 약세를 일시적으로 가속화할 수 있지만, 연준의 개입으로 빠르게 안정화될 것이다. 전체 금융시장은 3~6개월 내 회복된다. 모닝스타Morningstar의 150년 데이터에 따르면, 교정 후 평균 회복 시간은 3개월이다.

넷째, 암호화폐 시장은 주식시장보다 훨씬 더 큰 폭락을 경험할 가능성이 높다. 암호화폐는 현재까지 '디지털 금'과 같은 안전자산보다는 '고위험 기술주'와 유사한 위험자산의 특성을 보여왔기 때문이다. 금융시장 전반에 유동성이 마르고 안전자산 선호 현상이 극대화되는 국면에서, 가장 투기적인 자산부터 매도세가 집중될 것이다. 비트코인 가격은 50% 하락할 수 있으며, AI 테마 코인이라면 50% 이상 붕괴할 것이다.

다섯째, 기타 자산시장에서는 '충격의 차별적 전파' 현상이 나타날 것이다. 부동산 시장은 전국적으로 가격 상승세가 멈추거나 완만한 하락세(5~10% 하락)로 전환될 것이다. 상업용 부동산 시장이 가장 취약하다. 상업 부동산(오피스)은 추가로 15~20% 하락할 수 있다. 단, 이번 침체는 2008년처럼 부동산 시장 자체의 부실에서 시작된 것이 아니다.

따라서 부동산 시장의 붕괴로 이어지지는 않을 것이다. 다만, 주가 하락으로 인한 자산 감소와 고용 불안이 주택 구매 심리를 위축시킬 것이다. 특히 기술 허브 도시(샌프란시스코, 시애틀 등)의 고급 주택 시장은 상대적으로 더 큰 타격을 받을 수 있다.

원자재 시장은 희비가 엇갈릴 것이다. 금^{gold}은 상승하고, 산업용 원자재(구리 등)는 하락하는 전형적인 디커플링 현상이 나타날 것이다. 에너지와 금속 가격이 10~15% 하락한다. 경기둔화가 수요를 줄여 유가^{WTI}가 60달러 이하로 떨어질 수 있다. 전통적 패턴을 분석해 보면, 경기침체 우려가 커지면 전 세계 제조업 활동 둔화로 구리, 원유 등 산업용 원자재 수요가 감소하여 가격이 하락했다. 반면, 금은 시장의 불확실성이 커지고 중앙은행이 금리 인하(통화 가치 하락)를 시사할 때 가치가 상승하는 대표적인 안전자산이었다.

이처럼 시나리오1에서 발생하는 전반적인 침체와 후폭풍은 고통스럽지만, 경제 시스템의 근간을 흔드는 수준은 아닐 가능성이 높다. 오히려 이 정도의 재조정은 시장의 과도한 레버리지를 줄이고, 한계기업을 정리하며, AI라는 새로운 성장 동력에 자원이 효율적으로 재분배되도록 만드는 '필요악'으로서의 역할을 수행하며, 앞으로 시작될 새로운 경제호황기의 단단한 발판을 마련하게 될 것이다.

▒ 시나리오2: 극단적 버블, 극단적 붕괴

시나리오2의 '극단적 버블, 극단적 붕괴' 상황에서 미국 주식시장의 움직임도 예측해 보자. 이 시나리오에서 2026년 미국 주식시장은 역사에 기록될 광적인 상승과 그에 따른 파멸적인 붕괴를 모두 경험하는 극단적인 시나리오의 무대가 된다. AI 혁명을 필두로 한 기술주 중심의 1차 폭등과, 뒤이은 연준의 완화적 통화 정책이 촉발한 시장 전반의 비이성적 과열에 따른 2차 폭등으로 구성된다. 그러나 이 눈부신 버블은 2027년에 이르러, 2000년 닷컴 버블 붕괴를 연상시키는 재앙적인 폭락으로 이어지며 세계 경제에 깊은 상처를 남기게 된다. AI 환상이 극단적 버블을 만들고, 재앙적 붕괴를 하는 과정에서 시상의 펀디멘털을 파괴하는 구조적 위기가 발생하는 시나리오다.

1단계: 2026년, 2단 대폭등 장세

2026년에도 AI 기술에 대한 멈추지 않는 낙관론이 언론 기사를 지배하고, 2025년부터 이어진 AI 모멘텀은 더욱 강력해진다. 골드만 삭스와 같은 주요 투자 은행들이 AI가 주도하는 기업들의 강력한 실적 성장을 근거로 2026년까지 S&P 500 지수가 연말에 8000, 9000을 돌파할 것이라는 예측을 내놓고, 주식시장에는 불이 붙기 시작한다. AI는 이전의 모든 것을 뛰어넘는 '특이점' 기술로 인식되며, 기존의 가치 평가 모델valuation model로는 설명할 수 없는 수준의 주가 상승을 정당화하는 논리로 작용한다. 시장 분석가들은 AI가 기업의 생산성을 향상시켜 기록적인 이익 성장을 가져올 것이라는 장밋빛 보고서를 쏟아낸다.

- 1차 폭등

이 시나리오에서, 2026년 미국 주식시장은 1990년대 후반 닷컴 버블의 초기 모습과 매우 흡사해진다. 2025년 9월부터 시작된 기준금리 인하가 2026년 초에도 이어지면서, 시장에 갇혀있던 투기적 유동성을 폭발시키는 기폭제가 된다. 이 막대한 유동성이 주식시장으로 직행하면서, AI 기술주뿐만 아니라 그와 조금이라도 관련이 있는 기업, 심지어 전혀 관련 없는 기업의 주가까지 급등하는 '묻지마 투자'가 횡행한다. 주식 계좌를 처음 개설한 초보 투자자들이 대거 시장에 진입하며 버블의 마지막을 화려하게 장식하기 시작한다.

이 대폭등 장세는 봄에서 여름까지 지속되지만, 여름철에 일시적인 조정이 발생한다. 이는 인플레이션 재점화에 대한 우려로 인한 것으로, 시장이 10~15% 하락하지만, '건강한 조정'으로 치부된다. 그리고 이는 추가 상승의 발판이 된다.

가을부터 연말까지 시장은 '최종 멜트업melt-up'으로 불리는 극단적 랠리를 펼친다. 이 단계에서 AI 관련 주식의 집중도가 극에 달하며,

엔비디아나 마이크로소프트 같은 '매그니피슨트 7'이 시장의 50% 이상을 차지한다. 일부 신중론을 펼치던 베테랑 분석가들의 목소리는 "새로운 시대에 뒤처진 자"라는 비아냥 속에 묻혀버린다. 연준이 연속적인 기준금리 인하를 펼치자 주식시장은 상승 추세에 가속도를 높인다. 돈이 넘쳐나자, 수익 모델이 불분명한 AI 스타트업들이 단지 AI 서비스를 개발한다는 이유만으로 막대한 벤처캐피털 투자를 유치하고, 기업공개^{IPO} 시장에서는 상장 첫날 주가가 수백 퍼센트 폭등하는 사례가 속출한다. 투자자들은 기업의 내재가치나 수익성 같은 전통적인 지표를 무시하고, 오직 '미래 성장 가능성'이라는 신기루를 좇아 '묻지마' 투자에 나서기 시작한다. 이는 전형적인 '더 큰 바보 이론^{greater fool theory}'이 시장을 지배하는 현상으로, 더 비싼 가격에 주식을 사줄 다음 투자자가 있을 것이라는 믿음이 시장을 이끈다.

- 2차 폭등

2026년 하반기부터는 FOMO^{fear of missing out}(기회를 놓치고 있다는 두려움)가 지핀 불꽃이 시장 전체를 삼키기 시작한다. 유튜브, 틱톡, 레딧 등에는 "AI 주식으로 한 달 만에 인생 역전", "지금 당장 올라타야 할 AI 유망주 TOP 5"와 같은 자극적인 콘텐츠가 넘쳐난다. 평범한 이웃이 하루아침에 백만장자가 되었다는 이야기는 대중의 마음에

조급함과 질투의 불을 지핀다. 기술 혁신에 대한 기대를 넘어, '나만 뒤처질 수 없다'라는 대중적 불안감, 즉 FOMO가 만들어낸 거대한 광기의 무대가 된다.

이 광기는 AI 혁명이라는 합리적 기대를 비이성적 탐욕으로 변질시키고, 연준의 유동성 공급과 결합하여 역사상 유례없는 버블을 팽창시킨다. S&P 500의 주가수익률PER이 1990년대 말 닷컴 버블 정점 수준에 근접하지만, 강력한 기업 이익 성장이 이를 정당화한다는 분석이 힘을 얻는다. 저금리로 인해 자금 조달 비용이 낮아지자, 기업들은 자사주 매입을 대폭 늘리고 개인 투자자들은 '빚투'(신용 융자)에 적극적으로 나서면서 주가 상승을 더욱 가속화하는 자기강화적 순환feedback loop이 형성된다. S&P 500 지수가 8000, 9000을 돌파할 것이라는 낙관적 예측이 난무한다.

• 심리적 배경: 사회적 증거와 군중 심리

행동경제학의 '사회적 증거social proof' 원칙이 시장을 지배하기 시작한다. 사람들은 기업의 내재가치나 재무제표를 분석하는 대신, "모두가 사고 있으니 분명 좋은 것일 거야."라는 안일한 생각으로 추격 매수에 나선다. 로버트 실러 교수가 지적한 '비이성적 과열irrational exuberance'이 전염병처럼 번지며, 시장은 합리적 투자자들의 영역에서 탐욕에 휩싸인 군중의 놀이터로 변모한다. 투자자들은 AI가 생산성을 폭발적으로 높일 것이라는 '소프트 랜딩' 서사에 매료되며, FOMO가 확산된다. 경제 이론적으로 이는 찰스 킨들버거^{Charles} ^{Kindleberger}의 '광기, 패닉, 붕괴^{mania, panic and crash}' 모델에서 설명되는 '광기' 단계에 해당한다. 여기서 투자자들은 합리성을 상실하고, 과도한 레버리지와 투기적 매수를 통해 버블을 키운다. 이때부터 주가의 상승은 기업의 실적이 아닌, '더 많은 사람이 살 것이라는 기대감' 그 자체가 동력이 된다. 이는 1929년 대공황 직전, 구두닦이 소년까지 주식 투자를 논했다는 일화와 정확히 겹쳐 보이는 시장 과열의 최종 신호다.

- 숏 스퀴즈

숏 스퀴즈^{short squeeze}도 상승 가속화에 한몫을 한다. 버블의 마지막 국면에서는 시장의 붕괴를 예측하고 하락에 베팅을 하는 투자자들이 나타난다. '공매도' 세력이다. 곧 AI 버블이 붕괴할 것이라고 예측하고 공매도를 했는데, 예상과 달리 주가가 미친 듯이 더욱 폭등하면, 공매도 투자자들은 엄청난 공포에 휩싸인다. 왜냐하면 주가가 오를수록 손실이 무한대로 커지기 때문이다. 공매도 세력은 더 큰 손실을 막기 위해, 손해를 보더라도 주식을 다시 사들여서 되갚을 수밖에 없는 상황에 내몰린다. 이를 '숏 커버링^{short covering}'이라고 한다. 이들의 대규모 매수세 때문에 엄청난 수요가 만들어지면서 나스닥 지수는 더욱 끌어올려진다. 버블의 광기가 정점에 이를 때, 이런 현상이 반복되면서, 나스닥 지수는 마치 로켓처럼 마지막 수직 상승을 하게 된다. 2002년 닷컴 버블 붕괴 직전에 나스닥 주가가 거의 수직으로 상승했던 이유다.

2단계: 2027년, 재앙적 폭락 시작

붕괴의 전조는 이렇게 시작된다. 2027년 새해가 밝았을 때, 시장은 유포리아ᵉᵘᵖʰᵒʳⁱᵃ의 절정에 달한다. S&P 500과 나스닥 지수는 연일 사상 최고치를 경신하고, 개인 투자자들의 주식 보유 비중도 역대 최고치를 기록한다. 하지만 물밑에서는 이미 균열의 신호가 나타나기 시작한다. 과도한 유동성 공급과 투기적 과열은 인플레이션을 다시 불러온다. 뒤늦게 사태의 심각성을 깨달은 연준은 급격한 금리 인상 카드를 만지작거리기 시작하고, 이에 버블을 지탱해 온 '값싼 돈'의 시대가 끝날 수 있다는 우려의 목소리가 시장에서 나오기 시작한다. 하지만 대부분의 투자자들은 이런 신호들을 놓치고 파티를 즐기기만 한다.

- 인플레이션의 역습

2026년 중반, 화려했던 버블 파티가 무르익을 무렵, 축배의 대가가 청구되기 시작한다. 그 청구서의 이름은 바로 '통제 불가능한 인플레이션'이다. 연준이 경기부양을 위해 풀었던 막대한 유동성은 처음에

는 주식과 같은 자산시장에만 머물며 '좋은 인플레이션'(자산 가격

상승)을 일으키는 것처럼 보인다. 하지만 결국 실물경제의 댐을 무

너뜨리고 걷잡을 수 없는 물가 상승, 즉 '나쁜 인플레이션'으로 돌변

하여 경제 전체를 위협하기 시작한다.

- 이론적 배경

'자산 효과wealth effect'는 '수요 견인 인플레이션demand-pull inflation'이라는

저승사자를 불러온다. 경제학에서 말하는 자산 효과는 가계의 자산

가치가 증가할 때 소비 또한 늘어나는 현상을 의미한다. 2026년의 AI

버블은 이 효과를 극단적으로 증폭시킨다. 수많은 중산층과 젊은 투

자자들은 급등한 주식 계좌를 보며 자신이 부자가 되었다는 환상에

빠진다. 이는 고급 자동차, 명품, 해외여행, 고가 가전제품 등 사치제

와 내구재에 대한 수요 폭발로 이어진다. 기업들은 밀려드는 주문에

즐거워하지만, 생산 능력은 단기간에 늘릴 수 없으므로 공급이 수요

를 따라가지 못하는 병목 현상이 발생하기 시작한다. 버블이 정점에

이를 무렵에 나타나는 첫 번째 인플레이션 신호로서, 경제학에서는

고전적인 '수요 견인 인플레이션'이라고 말한다. "너무 많은 돈이 너

무 적은 상품을 쫓는" 현상이다. 코로나19 팬데믹 이후(엔데믹)의 상

황에서도 이런 형태의 인플레이션이 발생했다. 당시 정부의 막대한

재정 지원금과 중앙은행의 양적완화로 풀린 유동성은 억눌렀던 소

비(일명 '보복 소비')와 결합하여 공급망이 감당할 수 없는 수준의 수요를 창출했다. 2027년의 시나리오는 정부 지원금 대신 '주식시장의 대박'이 그 역할을 한다는 점만 다를 뿐, 메커니즘은 동일하다. 그리고 수요 견인 인플레이션이 임계점을 넘어서면, 경제에 더욱 깊은 상처를 남기는 '비용 인상 인플레이션cost-push inflation'과 '임금-물가 악순환wage-price spiral'도 시작된다.

화폐주의 경제학의 대가 밀턴 프리드먼Milton Friedman이 "인플레이션은 언제 어디서나 화폐적 현상이다."라고 단언한 것을 잊으면 안 된다. 시중에 풀린 돈의 양(통화량)이 재화와 서비스의 생산량을 초과할 때 물가 상승은 필연적이다. 연준이 2025년 후반기에 공급한 유동성은 처음에는 금융 시스템 내에서 맴돌며, 돈의 유통 속도가 낮아 물가에 미치는 영향이 제한적이다. 하지만 2026년 '자산 효과'로 소비가 폭발하면서 돈이 실물경제에서 빠르게 돌기 시작하면(유통 속도 증가), 프리드먼이 경고했던 통화량 증가의 본격적인 위력이 나타나기 시작한다.

2026년 말, 상황이 이 지경에 이르면서 연준은 스스로 만든 덫에 갇히게 된다. 소비자물가지수CPI 상승률은 연준의 목표치인 3%를 훌쩍 넘어 5%를 향해 치솟는다. 변동성이 큰 에너지와 식료품을 제외한 근원 CPI마저 급등하며 인플레이션이 일시적이 아닌 구조적 문제로 변질되기 시작한다. 곳곳에서 "연준이 인플레이션을 통제하는 데 실패한 것은 아닌가?"라는 공포의 목소리가 나오기 시작한다. 그러면 사람들의 '기대 인플레이션'도 급격히 상승한다. 미래에도 물가가 계속 오를 것이라고 믿기 시작하면서, 사람들은 가격이 더 오르기 전에 물건을 사재기하고(수요 증가), 기업은 비용 증가를 예상해 미리 가격을 올리면서(공급 측 가격 인상) 인플레이션을 스스로 실현시키는 자기충족적 예언이 현실화된다.

결국 연준은 통제 불가능한 인플레이션을 잡기 위해 금리를 급격하게 인상하고 시중의 유동성을 흡수하는 긴축 정책으로 급선회할 수밖에 없는 코너에 몰린다. 하지만 이는 '값싼 돈'이라는 산소호흡기에 의존해 연명하던 거대한 자산 버블을 터뜨리는 직접적인 바늘이 되고 만다. 이처럼 시나리오2가 현실이 되면, 경기부양을 위해 풀었던 유동성이 부메랑이 되어 인플레이션이라는 괴물로 돌아오고, 그 괴물을 잡기 위한 극약 처방(급격한 금리 인상)이 결국 경제 시스템 전체를 붕괴시키는 트리거가 되는 비극적인 시나리오가 시작되는 것이다.

● 과거 패턴으로 보는 붕괴 과정

1995~2002년 미국의 나스닥 상황을 나타낸 그래프를 보자. 1997년 드디어 인플레이션을 억제하는데 성공한 연준은, 1998년 추가 금리

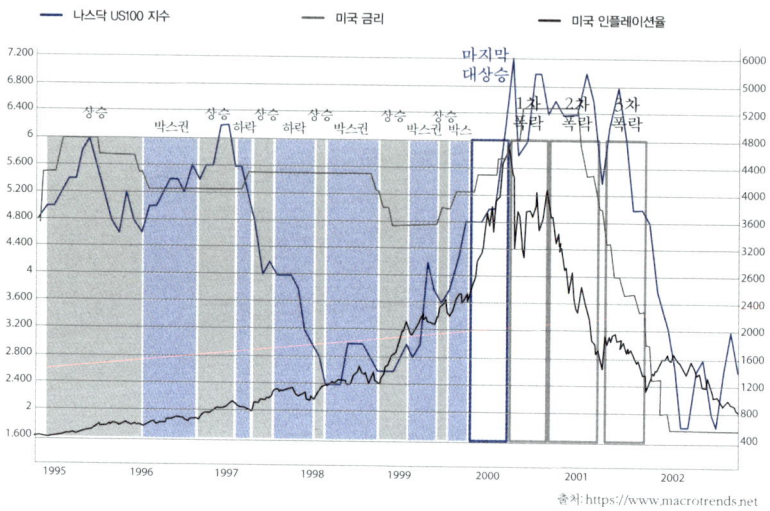

출처: https://www.macrotrends.net

인하를 단행한다. 시장은 환호했고, 나스닥은 몇 번의 상승과 박스권을 오가다가 1999년 후반부터 광란의 폭주를 시작했다. 그러자 나스닥의 폭주와 함께 인플레이션도 동반 상승을 시작했다. 깜짝 놀란 연준이 다급히 기준금리를 다시 올리기 시작했지만 이미 늦었다. 기준금리 재인상을 아랑곳하지 않고 주식시장의 광기는 하늘로 치솟았다. 인플레이션도 통제 불능의 상황으로 치달았다. 그리고 갑자기 재앙적 대폭락이 시작되었다. 그래프를 보면, 80% 대폭락이라는 참사를 일으킨 닷컴 버블 붕괴는 4번의 폭락을 연속적으로 맞으면서 일어났다.

2027년이 이와 비슷한 양상으로 전개된다면 이런 모습이 될 것이다. 어느 날, 시장은 운명적인 첫 번째 폭락을 맞이한다. 첫 번째 폭락은 비정상적으로 부풀려진 주가에 부담을 느낀 주요 기술 기업의 최고 경영진과 내부자들은 엄청난 물량의 주식을 시장에 내다 팔면서 시작된다. 이는 시장의 정점이 임박했다는 가장 강력한 신호 중 하나로 인식된다. 하지만 여전히 시장은 정신을 못 차린다. 절호의 매수 기회라고 생각한 개미들이 몰려들면서, 이 물량을 모두 받아내 주식시장은 일시적 반등에 성공한다.

하지만 이내 두 번째 폭락이 찾아온다. 연준의 매파적 발언과 주요 기술 기업의 파산 신청 소식은 패닉 셀링panic selling의 방아쇠를 당긴다. 연준은 치솟은 물가 때문에 기준금리 인하를 할 수 없다. 기다리던 연준 풋Fed put이 나오지 않자 시장은 공포에 빠지기 시작한다. 설상가상으로 일부 AI 선도 기업들이 예상치를 밑도는 실적을 발표한다. 사실 2026년 후반부터 실적이 예상치를 밑도는 사례가 계속 나왔지만, 시장 참여자들은 이런저런 이유를 대면서 무시했는데, 이제는 '현실'을 직시하기 시작한다. 금리 인상으로 자금 조달이 어려워지자, 막대한 자금을 쏟아부으며 외형만 키우던 AI 기업들이 연쇄적으로 무너지기 시작한다.

FOMO에 이끌려 최고점에 시장에 진입한 투자자들은 가장 취약한 존재들이다. 이들은 기업에 대한 믿음이나 자신만의 투자 철학 없이 단지 돈을 벌고 싶다는 욕망만으로 투자했기 때문에, 작은 시장의 흔들림에도 가장 먼저 공포에 질려 투매에 나선다. 시장을 지배하던 FOMO는 순식간에 FUD[Fear, Uncertainty, and Doubt] (공포, 불확실성, 의심)로 바뀐다. 어제까지 '더 오를 것'이라던 확신이 '모든 것을 잃을 수 있다'라는 공포로 180도 전환되는 것은 순식간이다. 상승 국면에서 군중 심리가 비이성적 매수를 불렀듯, 하락 국면에서는 비이성적 투매를 불러일으킨다.

신용 대출까지 받아 투자했던 '영끌' 투자자들은 마진콜[margin call] (추가 증거금 요구)에 직면하며 반대매매를 당하게 된다. 이는 자신의 의지와 상관없이 주식을 강제로 팔아야 하는 상황으로, 하락장에서 매도 물량을 폭발적으로 증가시켜 주가 하락의 속도를 기하급수적으로 높인다. 상승 국면에서 작동했던 긍정적 피드백 루프는 이제 주가 폭락을 가속화하는 파괴적인 악순환의 고리로 돌변한다.

여기에 알고리즘 매매의 동조화도 가세한다. 수조 달러 규모의 리스크 패리티[risk parity], 변동성 타겟팅[volatility targeting], CTA[commodity trading advisor] 펀드들은 시장 변동성 확대 시, 프로그램에 따라 기계적으로 위험자산을 매도한다. 이들의 동시 다발적인 매도는 개별 투자자들의 패닉 셀링과 결합하여, 유동성이 고갈된 시장에서 '플래시 크래시[flash crash]'

형태의 급락을 유발한다. 앞의 그래프에서도 닷컴 버블 붕괴 당시 이런 심리적 작용이 발동하는 두 번째 폭락이 규모가 가장 컸음을 확인할 수 있다.

나스닥 지수는 불과 몇 달 만에 전고점 대비 50% 이상 폭락한다. 그리고 한두 번의 추가 폭락이 이어지면서, 1년 뒤에는 닷컴 버블 붕괴 당시와 비슷한 하락률을 기록한다. 한때 시장을 이끌었던 유망 AI 스타트업 중 상당수는 주가가 90% 이상 폭락하며 휴지 조각으로 변하고, 시가총액 수조 달러가 허공으로 사라진다. 이 충격은 기술주에 국한되지 않고 금융 시스템 전반으로 확산되어 실물경제를 깊은 침체의 늪으로 밀어넣는다. 뒤늦게 뛰어든 초보 투자자들은 더 높은 가격에, 더 많은 빚으로 투자했을 가능성이 높기 때문에 이들의 몰락은 더욱 처참하며, 시장 전체의 붕괴를 가속화하는 역할을 하게 된다.

이 모든 과정은, 3장 앞부분에서 소개한 하이먼 민스키 모델**Hyman Minsky Model**을 그대로 재현한다. 역사는 반복된다. 17세기 네덜란드의 튤립 투기부터 2000년의 닷컴 버블에 이르기까지, '이번에는 다르다'라는 환상이 지배할 때마다 시장은 예외 없이 파멸적인 결과를 맞이했다. 만일 시나리오2처럼 2026년에 '극단적 버블'이 만들어진다면, 반드시 2027년에는 '극단적 붕괴'가 동반될 것이다. 필자가 제시한 시나리오2는 AI 기술 혁신에 대한 건전한 기대가 어떻게 비이성적 과열로 변질될 수 있으며, 그 끝이 얼마나 파괴적일 수 있는지에 대한 엄중한 경고를 담고 있다.

▨ 시나리오2의 후폭풍: 복합 위기의 도래

시나리오2의 후폭풍을 한마디로 예측하면, 대침체great recession를 넘어서는 복합 위기의 도래이다. '2026년 극단적 버블과 2027년 극단적 붕괴'가 현실이 된다면, 그 후폭풍은 2008년 글로벌 금융위기(대침체)의 규모를 넘어서고, 부분적으로는 1929년 대공황의 그림자를 드리우는 전례 없는 복합 위기로 번질 가능성도 있다.

2000년 닷컴 버블 붕괴급의 '자산시장 붕괴'가 트럼프 2기 행정부가 밀어붙이는 관세전쟁의 여파와 맞물려, 미국 실물경제의 충격을 확대하고 회복도 늦게 만드는 최악의 상황을 생각해 보라. 미국 시장에 대한 의존도가 높은 국가들의 통화 가치는 폭락하고, 해외 주식시장도 동반 폭락할 것이다. 특히 신흥국에서는 급격한 자본 유출이 발생하며 외환위기를 겪을 수 있다. 전 세계적인 불황의 연쇄작용이 일어나면, 가까스로 버티고 있던 프랑스와 영국이 IMF 구제금융 신청을

할 수밖에 없다. 2008년 금융위기가 유럽 재정위기로 이어졌던 패턴과 동일하다.

이런 복합적 위기가 현실이 되면, 2008~2012년처럼 글로벌 금융 위기의 '시스템적 신용 붕괴'가 동시에 발생하는 양상을 띨 수도 있다. 실물경제도 단기적인 V자 반등을 기대하기 어려운 'L자형 장기 불황' 의 늪에 빠지게 될 가능성이 높다. 과도한 부채와 버블이 한꺼번에 터 지면서 경제의 근본적인 체력이 파괴되기 때문이다. 이 위기를 극복하 는 과정은 단순히 금리를 낮추고 유동성을 공급하는 수준을 넘어, 대공 황 당시의 뉴딜 정책과 같은 대대적인 정부 개입과 경제 구조의 근본 적인 재편을 요구하게 될 수도 있다.

이 시나리오가 불가능하다고 생각하는가? 예견된 위기는 위기가 아니라고 생각하는가? 상당수의 투자자들이 그 정도로 어리석지 않기 때문에? 이 글을 읽는 독자도 혹시 "버블이 붕괴되기 전에 나는 빠져나 올 수 있다." 하고 자신만만한가?

프린스턴 대학의 두 경제학자, 아브레우Abreu와 브루너마이어 Brunnermeier는 〈버블과 크래시Bubbles and Crashes〉라는 논문에서, 똑똑하고 합리적인 투자자들조차 금융시장의 거품(버블)을 막지 못하는 이유를 분석했다.[36] 기존의 경제 이론에는 '효율적 시장 가설'이라는 게 있다. 시장이 항상 똑똑하게 작동한다고 보는 것이다. 만약 어떤 자산의 가격이 실제 가치와 맞지 않게 비싸거나 싸다면, 합리적인 투자자들이 바로 알아채고 사거나 팔아서 가격을 바로잡는다. 그래서 이런 이론에서는 상품 가격에 거품이 생기지 않고, 생기더라도 오래가지 않을 거라고 예측한다. 하지만 아브레우와 브루너마이어는 "시장, 특히 투자시장은 그렇게 완벽하지 않다."라고 말한다. 거품이 생기는 이유는 투자자들이 바보라거나 정보를 모르기 때문이 아니라, 그 똑똑한 투자자들 사이의 '동기화 문제synchronization problem' 때문이라고 주장했다. 동기화 문제란, 모두가 함께 움직이지 못하는 걸 의미한다. 마치 여러 사람이 문을 밀어야 열리는 문인데, 각자 혼자서 밀면 안 열리는 상황처럼 말이다.

2025년 말 현재, 일부 똑똑한 투자자와 전문가들은 AI 관련 자산이 과대평가되었다는 것을 알아차렸고, 2026년에는 더 많은 사람들이 알게 될 것이다. 하지만 문제는 '언제 팔아야 할까?'이다. 이걸 '타이밍 불확실성timing uncertainty'이라고 한다. 너무 일찍 팔면, 거품이 더 커지면서 다른 사람들이 돈을 버는 동안 나만 손해를 볼 수 있다. 반대로 너무 늦게 팔면, 거품이 터질 때 큰 피해를 입는다. 가장 좋은 건 거품에 올라타서(편승해서) 터지기 직전에 빠져나오는 것이다. 그런데 거품이 터지는 건, 충분히 많은 차익거래자들이 동시에 팔 때다. 그래서 2026년 대부분의 투자자들은 각각 "다른 사람들이 언제 팔까?"를 예상하면서 기다리는 게임을 하게 될 것이다. 게임 이론에서 말하는 '전략적 대기 게임' 상황이다. 연준은 기준금리를 내려 여기에 기름을 붓게 될 것이다. 결과적으로 돈은 넘쳐나고 모두가 도망갈 타이밍을 재면서 기다리다 보니, 거품이 더 오래 지속되고 커진다.

필자는 2026년에 아브레우와 브루너마이어의 놀라운 통찰력이 빛을 발하게 될 거라고 생각한다. 모두가 정보를 잘 알고 완벽하게 합리적이라도, 함께 행동하지 못하는 '타이밍 불확실성' 때문에 재앙적 거품이 만들어지게 될 것이다. 그리고 대붕괴가 될 때도 '동기화 문제'와 '타이밍 불확실성' 때문에 절대 빠져나오지 못하게 될 것이다.

▨ '안티–컴플레이선시' 포지셔닝

미래를 예측하는 이유는 위험을 미리 대비하려는 것이다. 필자는 2026년 미국 주식시장이 두 개의 갈림길에 서 있다고 예측했다. 하나는 과열된 시장이 건강한 조정을 거치는 '정상적 버블'과 '정상적 붕괴' 이후, 더 견고한 대세 상승장으로 나아가는 시나리오(시나리오1)다. 다른 하나는 AI 혁명에 대한 기대감이 극에 달하며 '극단적 버블'을 만든 뒤 '극단적 붕괴'로 이어지는 파멸적 시나리오(시나리오2)다.

이처럼 한 치 앞을 내다보기 힘든 '복합 위기'의 시대에 가장 경계해야 할 것은 '이러다 말겠지', '이번에는 다르겠지' 하는 안일함 complacency이다. 따라서 지금 투자자에게 가장 필요한 생존 전략은 '안티-컴플레이선시anti-complacency', 즉 '안일함과의 전쟁'을 선포하고 최악의 상황을 염두에 둔 포지션을 구축하는 것이다. 이는 시장에 대한 비관론이나 회피가 아닌, 위기를 기회로 전환하기 위한 가장 이성적이고 적극적인 대응이다. 이제 두 가지 시나리오에 모두 대응할 수 있는 공통 전략과 각 시나리오의 특성에 맞춘 세부 전략을 생각해 보자.

1 공통 대응 전략: 폭풍우를 견디는 방주를 구축하라

어떤 시나리오가 현실이 되든, 거대한 폭풍우가 다가오고 있다는 사실은 변하지 않는다. 따라서 가장 먼저 해야 할 일은 폭풍의 한가운데서도 자산을 지키고 다음 기회를 노릴 수 있는 견고한 방주를 만드는 것이다.

• 베타 노출 최소화 및 유동성 극대화

최고의 공격은 현금 확보다. 시장의 방향성이 불확실할 때는 시장 전체의 위험(베타beta)에 대한 노출을 줄이는 것이 최우선이다. 주식 비중을 줄이고, 언제든 기회를 잡을 수 있는 '총알'을 확보하는 것을 의미한다. 폭락장에서 "현금은 왕"이라는 격언은 단순한 말이 아닌, 생존과 역습의 기반이 된다.

- **음의 상관관계 자산 편입**

  모든 것이 무너지는 시스템 위기 상황에서 가치가 상승하는 자산이 있다. 금gold과 미국 달러이다. 이것들을 포트폴리오의 핵심 보험으로 삼아라. 이들은 단순한 투자 자산이 아니라, 포트폴리오의 가치를 지켜주는 핵심적인 '보험'이다. 시장의 공포가 극에 달할 때 투자자들은 가장 안전한 피난처를 찾게 되며, 역사적으로 금과 달러는 그 역할을 충실히 수행해 왔다. 특히 극단적 붕괴 시나리오에서는 이들의 가치가 더욱 빛을 발한다.

- **'프리모템' 분석 기반의 매수 계획 수립**

  폭락장에서 대부분의 투자자가 실패하는 이유는 공포에 휩싸여 이성적인 판단을 내리지 못하기 때문이다. 이러한 감정적 의사결정을 막기 위한 가장 효과적인 도구가 바로 '프리모템pre-mortem(사전 부검)' 분석이다. "만약 우리의 투자 계획이 처참하게 실패했다면, 그 이유는 무엇일까?"를 미리 상상하고 분석하는 기법이다. 프리모템 분석은 심리학자 게리 클라인Gary Klein이 제안한 일종의 의사결정·위험관리 기법이다. 일이 실패한 뒤 원인을 분석하는 것이 아니라, 일을 시작하기 전에 앞으로 일어날 수 있는 실패를 미리 시뮬레이션해서 대비책을 마련하는 방법이다.

투자에서도 이 방법을 응용할 수 있다. 시장 붕괴 이후를 대비한 '초우량 자산 매수 리스트'와 '진입 가격 전략'을 사전에 명확하게 수립하는 것이다. 시장이 공포에 휩싸여 투매가 일어날 때, 미리 준비된 투자 지도를 가진 투자자는 흔들림 없이 계획대로 행동할 수 있다. 무엇을, 언제, 얼마에, 어떻게 살 것인지를 명확히 규정해 놓는 것은 위기를 기회로 바꾸는 핵심 열쇠이다.

2 시나리오별 맞춤형 대응 전략 : 폭풍의 성격에 따라 돛을 조정하라

공통 전략이라는 튼튼한 방주를 마련했다면, 이제는 다가올 폭풍의 성격에 맞춰 돛을 미세하게 조정할 차례다. 앞으로의 시장 흐름을 면밀하게 관찰하다 보면, 두 시나리오 중에서 어떤 방향으로 진행될지 결정되는 시점이 올 것이다. 앞서 설명한 각 시나리오의 진행 양상을 기억하고 정확히 판단하여 세부적인 대응 전략을 마련하자.

• 시나리오1 대응 전략

이 시나리오의 핵심은 붕괴가 시스템 파괴가 아닌, '건강한 가격 정상화' 과정이다. 따라서 대응 또한 상대적으로 신속하고 과감할 필요가 있다.

① 유동성 투입 전략: S&P 500 기준 30~40% 수준의 조정이 오면, 미리 준비한 '프리모텀' 리스트에 따라 비교적 신속하게 분할 매수를

시작한다. V자 반등의 가능성이 높은 만큼, 연준의 정책 전환^{Fed pivot}과 같은 명확한 신호가 포착되면 보다 과감하게 비중을 늘려나갈 필요가 있다.

② 자산 배분 전략: 시장이 바닥을 다지고 반등을 시작하면, 보험 역할을 하던 금의 비중을 점차 줄이고, 가격이 매력적으로 변한 우량 AI 및 기술주 중심으로 주식 비중을 빠르게 확대하는 리밸런싱을 단행한다. 이 시나리오에서는 위기 후 AI가 주도하는 새로운 경제 호황기가 빠르게 시작될 가능성이 높기 때문이다.

• 시나리오2 대응 전략

닷컴 버블 붕괴를 연상시키는 이 시나리오의 핵심은, 붕괴가 시스템을 파괴하는 구조적 위기이며, 회복에 오랜 시간이 걸리는 'L자형 장기 불황'을 동반한다는 것이다. 따라서 여기에는 보수적인 대응이 필요하다.

① 유동성 투입 전략: 첫 번째 폭락(-30~40%)을 '매수 기회'로 섣불리 착각해서는 안 된다. 2차, 3차 폭락이 이어질 가능성을 항상 염두에 두어야 한다. '프리모텀' 매수 계획은 극도로 보수적으로 설정해야 하며, 계획된 진입 가격에 도달하더라도 전체 유동성의 일부만을 투입하며 신중하게 접근해야 한다. "떨어지는 칼날을 잡지 말라."라는 격언을 명심하고, 완전한 바닥을 확인하기까지 인내심을 가져야

한다.

② 자산 배분 전략: 현금, 금, 달러와 같은 안전자산의 비중을 장기간 높게 유지해야 한다. 섣부른 주식 비중 확대는 추가 폭락 시 회복 불가능한 손실로 이어질 수 있다는 것을 명심하라. 주식 편입은 낙폭이 상대적으로 적은 '다우지수' 연동 ETF를 선택하는 것이 좋다. 하락장에서 주식을 편입해야 한다면, 기술주보다는 위기 상황에서 살아남을 수 있는 필수 소비재 등 초우량 가치주부터 시작해야 하고, 실물경제의 회복 신호가 명확해진 후에 기술주로 확대하는 단계적인 접근이 유효하다.

준비된 자에게 위기는 곧 부의 대이동이다. 2026년, '정상적 붕괴'와 '극단적 붕괴' 중 어느 시나리오가 우리 앞에 펼쳐질지는 아무도 확신할 수 없다. 분명한 것은, 지연된 위험은 사라진 것이 아니며 반드시 대가를 치른다는 사실이다.

이러한 불안과 공포의 시대에 '안티-컴플레이션시' 포지셔닝은 단순히 자산을 지키는 소극적 방어 전략이 아니다. 시장의 광기와 공포로부터 이성을 지키고, 모두가 절망에 빠져 자산을 헐값에 내던질 때 가장 위대한 기회를 잡기 위한 가장 적극적이고 치밀한 공격 전략이다. 폭풍이 지나간 뒤, 준비되지 않은 자들은 폐허 속에서 좌절하겠지만, '안티-

컴플레이선시'라는 방주를 타고 폭풍을 이겨낸 투자자는 역사상 가장 거대한 부의 대이동의 주인공이 될 수 있다.

4
Part

복합 위기의 종착지,
한국

1
한국, 모든 폭풍이 수렴하는 화약고

▨ 삼중 노출, 왜 한국은 피할 수 없는가?

역사상 모든 거대한 전환은 하나의 사건이 아닌, 여러 흐름이 한 점에서 만나는 '특이점^{singularity}'에서 폭발했다. 2026년, 세계 경제의 거대한 판을 흔들 세 개의 폭풍이 바로 그러하다. 지금 이 순간에도 첫 번째 폭풍은 실리콘밸리의 서버실과 뉴욕 증권거래소의 모니터 위에서 그 몸집을 불리고 있고, 두 번째 폭풍은 베이징의 정책 결정자들과 유럽 중앙은행의 금고 깊숙한 곳에서부터 거대한 쓰나미로 발전하고 있으며, 세 번째 폭풍은 '이번에는 괜찮을 것'이라는 평범한 사람들의 믿음과 안도감 속에서 조용히 마지막 임계점을 향해 나아가고 있다. 세 개의 폭풍은 하나하나만으로도 위험하지만, 하나로 결합된다면 복합 위기라는 이름의 '퍼펙트 스톰'이 되어 세계 경제를 강타할 수 있음을 앞에서 살펴보았다.

그렇다면 이 세 개의 폭풍이 한반도로 몰려온다면 어떤 일이 벌어질까? 예를 들어, 1장에서 경고한 '거대한 착각의 종말(AI 버블)'이 한국 경제의 핵심인 반도체를 정면으로 때린다면? 2장에서 달려오기 시작한 '부채의 쓰나미(중국 리스크)'가 한국 수출 경제의 허리를 강타한다면? 그리고 3장에서 지적한 '과도한 안일함'이 GDP 대비 세계 1위인 한국 가계부채 · 부동산의 뇌관을 정조준한다면? 세 바람이 같은 시점에 불면, 작은 불씨도 크게 번진다. 2026년 한국 경제는 이 세 가지 위기에 모두 노출되어 있다. 필자는 이것을 3개의 폭풍에 대한 한반도의 '삼중 노출triple exposure'이라고 부른다. 이처럼 AI 버블, 중국 리스크, 그리고 내부의 부채 폭탄이라는 세 가지 위기는 각기 다른 경로로 침투하지만, 결국 한국이라는 공간에서 하나의 치명적인 악순환 고리로 증폭될 가능성이 있다.

이제부터는 2026년 한국 경제가 마주한 '삼중 노출'의 실체를 깊이 좀 더 깊숙이 분석해 보아야 한다. 각각의 노출이 무엇인지, 그리고 외부의 충격이 어떤 경로를 통해 내부의 가장 연약한 뇌관들을 터뜨리는지, 그 구체적인 '전이 지도transmission map'가 무엇인지 예측해 보아야 한다. 목적은 절망을 선언하기 위함이 아니다. 다가올 폭풍의 경로와 노출 지점을 정확히 알아야만, 생존을 위한 방주를 띄우고 새로운 항로를 개척할 수 있기 때문이다. 위기의 지도를 갖는다는 것은 곧 기회의 지도를 갖는다는 의미이기도 하다. 이제 우리는 이 지도를 들고, 폭풍의 핵의 위치에 있는 2026년 한국의 미래를 향해 한 걸음 더 깊이 들어가 볼 것이다.

첫 번째 폭풍과 한국: AI 버블 붕괴의 직격탄을 맞는 반도체 왕국

한국 경제를 이해하고 예측하는 가장 빠른 길은 전체 수출의 약 20% 내외 비중을 차지하는 반도체를 바라보는 것이다. 한국은 세계에서 손꼽히는 반도체 강국이고, 이 산업은 그저 하나의 업종이 아니라 국가 경제 전체의 심장 역할을 한다.

2024년 기준으로 한국 전체 수출 현황을 정리해 보자. 2024년 한국의 수출 총액은 약 6838억 달러로 사상 최대치를 경신했다. 그중 반도체 수출은 1419억 달러로 전년 대비 43.9% 증가했다. 특히 메모리 반도체는 전년의 38.8% 감소에서 115.6%p 상승한 76.8% 성장률로, 회복 수준을 넘어선 파격적 성장세를 보였다. 그에 비해서 반도체와 함께 한국 수출의 양대 축인 자동차와 자동차 부품은 2024년에 역대 최고의 수출 실적을 올렸지만, 수출액은 약 800억 달러로 반도체에 비하면 한참 못 미쳤다. 수출성장률도 자동차 부품이 전년 대비 5.2% 증가, 자동차 수출액이 전년 대비 1.6% 증가하는 데 그쳤다. 또한 영업이익률 면에서도, 현대차·기아 등 주요 자동차 기업의 합산 영업이익률이 10.2%로 역대 최고치를 기록했다고 하지만, 한미반도체 등 대표적인 반도체 기업의 영업이익률이 약 46%에 달한 것과는 비교할 수 없다. 또 하나의 수출 효자 종목인 조선업은 어떨까? 2024년 조선업의 수출액은 전년 대비 17.6% 증가한 256억 3000만 달러였으나, 영업이익률은 3~6%에 불과했다. 그 밖에도 K-뷰티·K-푸드가 호황을 맞이했지만, 전체 수출에서 차지하는 비중은 미미하다.

이러한 수출 현황에서도 알 수 있듯이, 반도체는 한국 경제에서 핵심적인 위치를 차지하고 있다. 그리고 최근 몇 년 동안 반도체 성장을 가장 크게 자극한 것은 AI 열풍이었다. 인공지능을 학습하고 실행하는 데 필수적인 GPU와 고대역폭 메모리 HBM의 수요가 폭발적으로 늘어나면서, 삼성전자와 SK하이닉스는 다시 세계 무대의 중심에 섰다. 특히 SK하이닉스는 엔비디아가 요구하는 최신 HBM을 사실상 독점 공급하며 글로벌 반도체 업계의 스타로 떠올랐다. 이 두 기업은 한국 GDP의 10% 이상을 간접적으로 창출하며, 수십만 명의 일자리를 지탱하고 있다.

2026~2027년의 한국 경제 위험의 시작은 바로 이 지점이 될 수 있다. 한국 반도체의 성장은 지금 엔비디아라는 단일 고객, HBM이라는 단일 품목, AI라는 단일 서사에 지나치게 의존하고 있다. 엔비디아는 GPU 시장점유율 90% 이상을 장악하며, 사실상 AI 칩 시장을 독점하다시피 하고 있다. 미국의 거대 클라우드 기업들이 앞다투어 엔비디아 칩을 확보하느라 전 세계에서 줄을 서는 상황은 한동안 하이닉스와 삼성전자에 엄청난 호재였다. 2024년 기준, SK하이닉스 매출 중 엔비디아 비중은 16% 수준이고, AI 메모리인 HBM이 전체 D램 매출에서 40% 이상을 차지했다. 2025년, 삼성전자 역시 AI 관련 칩 수요에 힘입어 반도체 부문 수익이 급증했다. 더불어 두 기업의 주가도 드라마틱하게 상승했다. 하지만 이 구조는 곧바로 족쇄로 바뀔 수 있다. AI 버블 붕괴가 일어나면서 엔비디아의 발주가 줄어드는 순간, 한국 반도체 산업은 직격탄을 맞는다.

이것은 하나의 산업 차원의 문제가 아니라, 국가 경제 차원의 위기다. 2024년 한국 경제성장률은 2.0%에 불과했다. 민간 소비는 준내구재와 서비스 중심으로 0.2% 증가, 정부 소비는 0.5% 증가, 설비 투자는 1.6% 증가, 건설 투자는 3.2% 감소했다. 성장률을 견인한 두 축은 정부 지출(정부 소비)과 설비 투자였다. 그리고 통계청 자료를 분석하면, 2024년 전체 설비 투자 가중치에서 반도체가 차지하는 비중이 12%가량 된다. 2024년 성장률 부진의 가장 큰 이유는 건설 투자 부진과 민간 소비 제약이다. 2026~2027년에도 건설 투자와 민간 소비 부진이 이어질 가능성이 크다.

이런 상황에서 반도체 수출이 타격을 받는다면 어떻게 될까? 2000년대 초반 닷컴 버블 붕괴 당시에 서버, 네트워크 장비 등 IT 기기에 대한 수요가 급감하면서 한국의 반도체 수출이 전년 대비 41% 감소하는 직격탄을 맞았다. 한국의 수출성장률은 곧바로 마이너스로 전환했고, 경제성장률도 금융위기 이후 10년 만에 최저치(2.8%)로 떨어지는 타격을 입었다. 그나마 당시에는 경제성장률이 2000년 8.9%라는 높은 수준에서 하락했기 때문에 닷컴 버블 붕괴를 맞고도 2001년 성장률이 2.8%라도 유지했던 것이다.

2026년 한국 경제성장률 전망치는 1.6%(한국은행)~2.2%(OECD)에 불과하다. 한국 경제의 수출 의존도는 2023년 기준 GDP의 37.6%로, 일본(17%)이나 미국(7.4%)에 비해 훨씬 높다. 한국개발연구원KDI은 과거 반도체 경기둔화 시점을 분석하며 "반도체 수출 물량 10% 감소 시 GDP가 0.78%p 하락한다."라고 예상했다. 이 분석대로라면, 반도체 수출 물량이 30% 감소할 경우, GDP가 약 2.34%p 하락할 수도 있다. 반도체가 흔들리면 수출, 경제성장률, 고용, 환율, 금융시장까지 한꺼번에 흔들린다.

경제학 교과서에서는 위험을 줄이려면 포트폴리오를 다변화하라고 말한다. 한국의 수출 구조는 정반대다. 상위 10개 품목이 전체 수출의 절반 이상을 차지하고, 상위 10개 국가가 한국 전체 수출의 70% 이상을 가져간다. 그중 반도체는 수출의 핵심 동력이다. 2024년 기준, 한국의 반도체 수출은 미국과 중국 시장에 58.9% 의존한다. 호황기에는 이런 집중도가 효율적 레버리지로 작동한다. 그러나 불황기에는 같은 집중도가 경제 전체를 곤두박질치게 만든다. 예를 들어, 2018~2019년 반도체 다운턴 시기를 보자. 미중 무역 분쟁과 스마트폰 및 서버 수요 둔화, 2019년 일본의 반도체 소재 수출 규제가 겹치면서 2019년 한국의 반도체 수출액은 전년 대비 약 26% 감소했다. 2026~2027년, AI 버블이 붕괴된다면 반도체 수출 급감이라는 단일 사건이 곧 경제 전반의 호흡곤란으로 전이되는 것을 피하기 어렵다. 다음은 AI 버블 붕괴가 한국 경제 전반에 영향을 주는 경로다.

1 AI 칩 수요 급감

- 클라우드 기업들의 투자 열기가 식으면서 GPU 발주량이 줄어든다.
- 엔비디아의 주문 축소는 SK하이닉스의 매출 하락으로 연결된다.
- SK하이닉스와 삼성전자는 매출의 30~40%를 잃을 수 있다.

2 협력 산업 연쇄 타격

- 메모리 수요 둔화는 테스트 · 패키징 · 장비 등을 공급하는 중소기업들의 매출 감소로 이어진다. 예를 들어, 반도체 장비 기업인 세메스는 삼성전자의 주문 감소로 매출이 20% 이상 줄어들 수 있다.

- 수많은 중소 협력사들이 현금 흐름 악화에 시달린다.

3 설비 투자 중단과 재고 급증

- 대기업은 수요 감소를 예상하고 신규 설비 투자를 보류하고, 창고에는 팔리지 않는 메모리가 쌓이고 가격이 하락한다.

- 이 현상은 이미 2018~2019년에 똑같이 나타난 바 있다.

4 수출 감소와 경제 충격

- 수출이 줄면서 원화 가치는 급락한다. 주가가 흔들리고, 가계 소비와 기업 투자가 동반 위축된다.

- 수출 기업은 환차손 충격을 받는다. 2022년에 원 달러 환율이 1,400원을 돌파했을 때도, 수출 기업들이 환차손으로 큰 타격을 받은 바 있다.

- 기업의 수익성을 악화시키고, 이는 고용 감소로 이어진다.

- 한국 경제는 경제성장률이 급락하며 단기간에 냉각기에 들어간다.

이와 같은 경로를 거쳐서 AI 버블 붕괴는 한국 경제에 빠르고 강력한 충격을 줄 가능성이 크다. 그러나 우리는 버블이 반드시 '재앙'으로

만 끝나지 않는다는 사실을 기억할 필요가 있다. 닷컴 버블이 무너진 뒤, 구글·아마존·애플 같은 기업들이 본격적으로 성장했다. 버블은 혁신을 앞당기고, 진짜 경쟁력을 가진 기업을 걸러내는 촉매제 역할을 한다. 따라서 중요한 것은 '버블 붕괴가 오느냐?'가 아니라, '버블 붕괴 이후 누가 살아남느냐?'이다. 2026~2027년, 한국 기업들이 다시 위기를 기회로 바꿀 타이밍이다. 기업이나 정부는 AI 버블 붕괴의 충격을 '고객 다변화, 제품 포트폴리오 확대, 수출 시장 다변화'라는 반도체 산업 구조개혁의 기회로 삼아야 한다.

예를 들어, AI 특화 반도체 영역에서는 범용 GPU에만 기대지 않고, 저전력 엣지 AI 칩이나 메모리-로직 융합형 반도체 같은 신기술에 투자하는 계획을 앞당겨야 한다. 휴머노이드를 비롯한 물리적 AI, 자동차용 반도체나 사물인터넷IoT용 저전력 칩도 미래 성장 동력이다. 2024년 기준, 자동차 반도체 시장은 연평균 10% 이상 성장하고 있다. 시스템 반도체 강화도 필수다. 메모리 편중에서 벗어나 파운드리와 팹리스 생태계를 육성해야 한다.

글로벌 협력 확대는 장기적 관점에서 한국 경제와 기업 생존의 필수 조건이다. 미·중 경쟁 구도에서 생존할 방법만 찾는 것을 넘어서, 유럽·동남아·중동과 새로운 기술·투자 네트워크를 만들어야 한다. 지속가능 제조 혁신도 속도를 높여야 한다. 반도체 공정의 막대한 물·

전력 사용 문제를 ESG와 결합하면, 규제를 넘어 경쟁력으로 바꿀 수 있다.

정부는 반도체 산업의 구조조정을 지원하고, 새로운 기술 개발에 투자해야 한다. 예를 들어, 양자 컴퓨팅이나 6G 기술은 차세대 반도체 수요를 창출할 수 있다. 2024년 1월, 정부는 삼성전자(용인)와 SK하이닉스(용인)가 2047년까지 총 622조 원을 투자하는 세계 최대 반도체 메가 클러스터 조성 계획을 최종 확정했다. 이 금액 대부분은 민간 기업의 투자로 이루어진다. 정부가 민간 기업의 투자를 유도하고 지원하기 위해서는 국가산업단지 지정, 인허가 절차 간소화(패스트 트랙), 규제 합리화, 전력 및 용수 등 인프라 지원, 세제 혜택, 소부장 기업 지원, 인재 확보를 위한 교육 정책 개혁 등을 신속하고 정확하게 제공해야 한다.

▨ 두 번째 폭풍과 한국: 중국 경제가 붕괴하면 한국이 먼저 쓰러진다

2026년 한국 경제가 노출된 두 번째 위험은 바로 중국 경제의 붕괴에서 시작된다. 한국 경제를 설명할 때 반드시 등장하는 한 문장이 있다. "중국이 재채기하면 한국은 폐렴에 걸린다." 단순한 비유가 아니라

지난 20년 동안 데이터가 반복적으로 입증한 현실이다. 혹자는 이렇게 말할 수 있다. "한국의 대중국 수출 비중은 과거 25% 수준이었으나, 최근에는 20% 미만으로 감소했다. 그리고 대중 무역수지는 2023년부터 적자로 전환되었고, 2024년에도 적자 기조가 이어졌다. 그러니 중국의 경제 및 정치 상황이 한국에 미치는 영향은 미미하다." 과연 맞는 말일까? 수출 비중 감소와 무역수지 적자는 중국 경제의 영향력이 과거와 같은 방식으로 발현되지 않음을 보여줄 뿐이다. 여전히 한국은 핵심 공급망에서 중국에 대한 높은 의존도를 가지고 있으며, 미중 경쟁 구도 속에서 중국의 경제 상황은 한국의 거시경제 및 안보에 중대한 영향을 미치고 있다.

2025년 기준, 한국과 중국 사이에 경제적으로 어떤 변화가 일어났는지를 먼저 정리해 보자. 첫째, 산업적으로 상호 의존 관계에서 경쟁 관계로 바뀌는 질적 변화가 생겼다. 과거 한중 수교 이후 오랫동안 한국은 첨단 기술 부품 및 중간재를 중국에 수출하고, 중국은 저렴한 노동력을 바탕으로 이를 조립해 완제품을 생산하는 보완적 분업 구조였다. 그러나 중국이 산업 고도화를 이루면서 중간재를 자체 생산하는 비중이 늘었고, 오히려 한국과 경쟁하는 관계로 전환되었다. 따라서 수출 비중 감소는 중국 경제의 영향력이 줄어든 것이 아니라, 중국의 기술 발전으로 인해 한국의 대중국 수출품이 대체되었다고 해석하고 경계심을 가져야 한다. 둘째, 한국 기업의 중국 공급망에 대한 의존도는 결코 줄지 않았다. 오히려 미국과 중국의 치열한 기술전쟁 때문에 한국 기업의 공급망 취약성만 높아졌다. 대중국 수출 비중은 줄었지만, 한국은 반도체, 자동차 등 주요 산업에서 필요한 핵심 부품, 소재, 광물 등을 중국에 대한 수입에 크게 의존하고 있다. 과거 사드THAAD 사태 때 중국이 가했던 경제 보복, 2021년 중국의 요소수 수출 제한으로 한국 산업 전반에 큰 영향을 받았던 사례 등을 기억해 보자. 앞으로도 중국에서 경제 불안정이 증가하거나, 중국이 한국을 향해 의도적인 경제적 압박을 가할 경우에는 한국의 공급망에 치명적인 교란이 발생할 수 있다. 셋째, 미중 경쟁 구도 속에서 지정학적 리스크는 더욱 커졌다. 미중 경쟁이 격화되면서 한국은 안보 동맹인 미국과 경제적으로 중요한 중국 사이에서 전략적 선택을 강요받고 있다.

이상의 변화를 종합해 보면, 중국의 경제 상황이 여전히 한국에 중대한 영향을 미친다는 점을 인식할 필요가 있다. 게다가 설령 중국 경제의 불안정이 직접적으로 한국과의 교역 관계에 영향을 주지 않는다고 가정하더라도 문제는 사라지지 않는다. 중국 경제의 급랭은 글로벌 경제 전반에 불확실성을 증폭시킨다. 중국의 소비 둔화, 부동산 위기 등은 전 세계 경기침체로 이어질 수 있으며, 이는 한국의 주요 수출국들(미국, EU 등)의 경제에도 영향을 미친다. 결국 이들 시장에서의 수출 실적에도 부정적 영향을 미치게 된다. 따라서 중국이 흔들린다면, 한국은 어느 방향으로도 쉽게 피할 수 없다.

2장에서 분석했듯, 2025년 중국 경제는 부동산 버블 붕괴, 지방정부의 막대한 부채, 그리고 첨단 기술 발전의 한계라는 '세 가지 덫'에 걸려 성장 엔진이 급격히 식어가고 있다. 수십 년간 이어져 온 부동산 불패 신화가 깨지면서 중국인들은 지갑을 닫고 있고, 기업들은 투자를 멈추고 있다. IMF는 2026년 중국의 성장률이 4.2%로 주저앉을 것이라고 전망했다.[37] 이는 곧 한국을 향한 주문서가 사라진다는 것을 의미한다.

중국은 반도체, 화학, 철강, 자동차 부품 같은 전통적 산업부터 배터리, 디스플레이, 기계 장비까지, 여전히 한국 최대의 시장이다. 2026~2027년 사이에 지금보다 더 차갑게 식어버리면, 대중국 무역적자는 더 늘어난다고 생각해야 한다. 예를 들어보자. 중국의 건설 현장이 멈추면 한국산 철강과 굴삭기는 팔리지 않는다. 중국의 공장 가동률이 떨어지면 한국산 석유화학 제품은 갈 곳을 잃는다. 중국인들이 스마트폰과 TV를 바꾸지 않으면 한국산 디스플레이 패널은 창고에 쌓인다. 2025년 기준, 한국의 대중국 수출은 종합적으로 적자이지만, 문화 콘텐츠, 관광, 소비재 수출 등 일부 항목에서는 흑자를 기록하고 있다. 하지만 만약 중국 소비시장이 얼어붙으면, 문화 콘텐츠, 관광, 소비재 수출도 순식간에 얼어붙는다. 중국 지방정부 부채 문제가 통제력을 상실하면, 중국 내 인프라 투자 축소가 일어나고, 이것은 한국의 기계·부품 수출 수요를 줄인다. 거꾸로, 2008년 글로벌 금융위기 당시를 생각해 보라. 중국의 경기부양 덕분에 한국은 빠르게 회복할 수 있었다. 중국이 없었다면 한국의 타격은 훨씬 더 컸을 것이다. 그러니 중국 경제가 흔들리면 한국이 먼저 쓰러진다는 것을 가벼운 말로 듣지 말라.

중국 수요가 줄어드는 동시에 미국은 공급망을 자국 중심으로 재편을 가속화한다고 생각해 보자. 한국 입장에서는 수요와 공급의 양쪽 문이 동시에 좁아지는 상황을 맞게 된다. 트럼프 2기 행정부는 "우리의 보조금을 받고 싶다면, 그리고 우리의 거대한 시장에 물건을 팔고 싶다면, 공장을 미국 땅에 지어라."라는 압박을 더욱 강하게 하고 있다. 여기에 글로벌 위기 국면에서 반복적으로 나타나는 강달러 현상이 추가된다고 가정해 보라. 위기가 닥치면 전 세계 자금은 안전자산인 달러로 몰린다. 달러가 강해지면 원화는 약세로 치닫는다. 원화 가치가 급락하면 외화 조달 비용이 뛰고, 한국의 금융 시스템은 곧바로 압박을 받는다. 2026~2027년에 만약 중국발 위기와 미국발 압박이 동시에 온다면, 한국은 안팎에서 협공을 받는 꼴이 된다. 중국과 유럽의 부채 문제가 동시에 불거져 한국 경제에 타격을 가한다면 그 경로는 이렇게 흘러갈 것이다.

1 글로벌 수요 절벽

- 부채 조정과 소비 위축으로 중국 · 유럽 시장에서 수요가 급감한다.

- 한국의 수출 품목, 특히 철강 · 석유화학 · 기계 산업이 1차 충격을 받는다.

2 보호무역주의 강화

- 위기 국면에서 각국은 자국 산업을 보호하려고 수입 규제를 강화한다. 관세를 올리고, 수입량을 제한하며, 자국산 부품을 사용하도록 강제하는 등 교묘하고 노골적인 무역 규제들이 난무하게 된다. 미국의 인플레이션감축법**IRA**, 유럽의 탄소국경조정제도**CBAM** 같은 규제가 대표적이다.

- 자유무역이라는 오래된 약속은 휴지 조각이 되고, 세계는 장기간 각자도생의 시대를 강요받는다.

3 수출 구조 붕괴

- 이 과정에서 가장 큰 타격을 받는 것은 한국의 전통적인 주력 산업들이다. 뛰어난 품질과 가격 경쟁력을 무기로 세계 시장을 누비던 철강 · 석유화학 · 조선 · 기계 산업은 하루아침에 물건을 팔 곳을 잃어버린다.

- 기업의 의지와는 상관없이 외부 환경에 의해 강제로 '사업을 재편'해야 하는 상황으로 내몰린다. 잘나가던 공장의 문을 닫고, 평생을 바쳐 일해온 노동자들이 일자리를 잃는 고통스러운 구조조정이 시작된다.

- 과거 한국 경제의 성장을 이끌었던 굴뚝 산업의 엔진이 하나둘씩 꺼져가는 '수출 구조의 붕괴'가 현실화된다.

우리나라는 기업의 평균 종업원수가 2016년 43명에서 2023년 40명대로 줄고 한계기업 비중이 역대 최대를 기록하는 등 기업 성장 생태계가 최악의 상황으로 치닫고 있다. 특히 영업이익으로 이자 비용조차 못 내는 상황이 3년 이상 지속되는 한계기업(좀비 기업)의 비중은 17.1%까지 높아졌다. 한계기업 노동생산성도 정상 기업의 48% 수준에 불과해서 회생 가능성도 매우 낮아진 상태다.[38] 이렇게 취약한 상황에서 위에 설명한 경로로 위기 전이가 현실화되면, 단순히 수출이 줄어드는 문제가 아니라 한국 경제의 산업 포트폴리오 자체가 흔들리는 순간을 맞이하게 된다.

따라서 우리는 미리 대비해야 한다. 중국 경제위기는 한국에게 "더넓은 바다로 나아가라!"라는 신호일 수 있다. 동남아, 인도, 중동, 아프리카 같은 신흥 시장으로의 수출 다변화에 속도를 낼 필요가 있다. 대중국 수출에서 철강·석유화학 같은 전통 제조업 의존도를 줄이고, 바이오, 친환경 소재, 디지털 서비스 같은 신성장 산업을 강화해야 한다. 강달러·원화 약세 상황에서도 버틸 수 있도록 외환 보유액을 확충하고, 원화 결제 네트워크를 확대하는 것도 잊으면 안 된다. 중국에 의존해 온지난 30년은 달콤했지만, 결국 우리 경제를 외부 충격에 취약하게 만드는 '독'이 되었다. 2026년의 위기는 이 독을 제거하는 고통스러운 '해독'의 과정이다. 이 과정을 성공적으로 거쳐낸다면, 한국 경제는 특정 국가의 경기에 좌우되는 외발자전거가 아니라, 여러 개의 엔진을 달고 어떤 파도에도 흔들리지 않는 튼튼한 배로 다시 태어날 수 있을 것이다. 그 선택과 준비는 바로 지금 우리의 손에 달려있다.

▨ 세 번째 폭풍과 한국: 과도한 안일함, 한국형 민스키 모멘트

2025년 10월, 한국 코스피 지수가 사상 처음 4000선을 넘었다. 시장과 투자자들은 "이제 긴축은 끝났다. 곧 금리가 내려갈 것이다."라는 안도감에 젖어 있다. 앞에서 2026년 한국 경제가 노출된 2가지 위험을 예측했다. AI 버블 붕괴의 직격탄을 맞을 수 있고, 중국 경제 붕괴에 노출될 수 있다. 하지만 가장 위험한 노출은 내부에 있다. '안일함 complacency'의 함정이다. 사람들은 위기가 끝났다고 믿을 때 더 큰 위험을 만든다. 금리가 조금만 내려갈 것 같아도 다시 빚을 낸다. 그러나 금리의 절대 수준은 여전히 높고, 전 세계적으로 인플레이션은 완전히 꺼지지 않았다. 그리고 기준금리가 내릴 때 경제 위기가 발발한 경우가 많았다.

한국 경제의 내부에는 세계 최고 수준의 가계부채, 부동산 PF 부실, 자영업자의 채무 누적, 금리 상승에 취약한 금융 시스템이 얽혀있다. 이런 것들은 눈에 보이지 않게 천천히 쌓이다가 어느 순간 터질 수 있는 폭탄이다. 2025년 1분기 기준, 한국 가계부채는 GDP 대비 89.5%에 달한다. 2024년 말 89.6%에서 약간 줄었지만, 여전히 태국(88.2%)이나 홍콩(87.8%)보다 높다. 한국은행이 2025년 8월 19일에 발표한 '2025년 2분기 가계신용(잠정)' 통계에 따르면, 2분기 말 기준 가계신용 잔액은 1952조 8000억 원이다. 이를 당시 한국 전체 인구(약 5175만 명)로 나누면, 국민 1인당 가계부채는 약 3774만 원이다. 가계부채 대비 가처분소득disposable income 비율도 186.5%에 이른다. 가정이 한 해에 버는 돈의 거의 두 배를 빚지고 있는 셈이다. 2025년 2분기 가계부채가 역대 최대치를 경신한 것은 주택담보대출 증가의 영향이 컸다. 주택 매매 거래가 활발해지면서 주택담보대출이 14조 9000억 원 늘었다. 또한 주가 반등에 따른 증권사 신용 공여도 확대되었다.

자영업자는 한국 경제의 뼈대지만, 팬데믹 이후 빚이 쌓였다. 2024년 말 기준, 자영업자 대출 총액은 1064조 원을 돌파했다. 관련 통계 집계 이후 최대 기록이다. 코로나19 팬데믹 당시, 자영업자들은 매출 감소를 메우고 사업을 유지하기 위해 대출을 크게 늘렸다. 코로나가 끝난 후, 이들의 연체 비율이 급격하게 증가했다. 2024년 말 기준, 자영업자 연체자는 2021년 말 대비 3.6배 급증했다.

문제는 이런 상황이 나아지기보다는 악화될 가능성이 더 크다는 것이다. 한국 가계의 부채가 소득성장률보다 빠르게 누적되고 있는 데다가, 이 부채의 상당 부분이 변동금리로 되어 있기 때문이다. 미국·유럽은 대출의 80% 이상이 고정금리인데, 한국은 여전히 70% 이상이 변동금리다. 금리가 1%p 오를 때마다 가계 이자 부담이 약 13조 원 증가한다는 분석도 있다. 글로벌 금리 사이클이 약간만 틀어지거나, 경기침체가 발생하고 주식시장 붕괴가 발생하면, 이는 곧바로 한국 가계의 숨통을 조이게 되어 있다. 이 위기는 겉으로 잘 드러나지 않지만, 일단 시작되면 순식간에 전이된다. 전이 메커니즘은 이렇게 작동한다.

1 안일함 붕괴

- 금리 인하 기대가 꺾이거나, 외국인 자금이 이탈하면 시장의 심리가 급변한다.
- "괜찮을 것이다."라는 낙관이 사라지는 순간, 부채는 부실로 바뀐다.

2 금융 변동성 폭발

- 원화 가치가 흔들리고, 환율이 급등한다. 한국은 비기축통화국으로, 달러가 강세를 보이면 원화 가치가 떨어진다. 2026년 강달러 현상이 지속되거나 경제위기가 발발하면, 환율이 1,500원을 넘을 가능성이 충분하다.
- 원화 가치가 폭락하고 경제 전체의 불확실성이 커지면, 돈을 가진 사람들은 아무도 믿지 못하게 된다. 은행들은 기업에 돈을 빌려주기를 꺼리고, 기업들끼리도 서로를 의심하며 현금을 쌓아두기만 한다. 이를 '신용 경계감 확대'라고 부른다.

- 신용 스프레드(회사채 금리와 국채 금리의 차이)가 확대되며, 개인과 기업의 자금 조달 통로는 막히고, 금융 비용(이자)은 급등한다. 현재의 가계부채 규모로 볼 때, 1% 금리만 상승해도 가계의 연간 이자 비용이 약 13조 원 늘어난다.

3 부채 비용 급등 → 실물경제 충격

- 가계는 이자 부담으로 소비를 줄이고, 기업은 신규 투자를 중단한다.
- 금융기관은 대출 심사를 강화하면서 자금의 흐름이 막힌다.
- 경제의 혈액인 돈이 돌지 않으니, 당장 자금이 필요한 기업들은 흑자 상태에서도 도산하는 '흑자도산'의 위기에 내몰린다.

전이 메커니즘은 여기서 끝나지 않고 부동산 시장을 흔든다. 한국 부채의 70%가 주택담보대출이다. 금리가 오르면 집값이 떨어지고 부실 대출이 늘어난다. 자영업자도 매출이 줄면 빚 갚기가 어려워진다. 여기에 부동산 PFproject financing 라는 거대한 폭탄이 더해진다. 국내 부동산 PF 규모는 2024년 3월 말 기준으로 135조 6000억 원이었다. 지난 2년 동안 금리가 오르면서, 분양은 느려지고 공사비는 상승했다. 일부 PF 사업장은 연체율이 급등했고, 특히 지방은 미분양 주택 문제가 심각하여 사업성이 더욱 악화되었다. PF 대출 부실 문제에는 저축은행·증권사 등도 연결되어 있다. 이 구조는 1990년대 일본의 부동산 버블 붕괴와 매우 유사하다. 만약 신용경색이 일어나면, 부동산 PF처럼 거대한 빚으로 쌓아 올린 사업들은 와르르 무너져 내린다. 가계부채와 자영업자 부채라는 거대한 시한폭탄에도 불이 붙는다. 이자를 감당하지 못한 집주인들은 '영끌'해서 샀던 아파트를 급매물로 던지고, 이는 부동산 가격의 2차 폭락을 유발한다. 부동산과 가계에서 연쇄 부실이 발생하면, 금융 시스템 전체가 흔들릴 수 있다.

거대한 빚의 산은 수십 년 된 강력한 믿음으로 자리 잡은 '부동산 불패' 신화가 만들어냈다. 여기에 더해, 코로나 팬데믹 이후 '영끌'과 '빚투' 열풍이 불면서 가계부채의 규모는 임계점을 넘어섰다. 2025년 현재, "설마 정부가 집값을 폭락하게 두겠어?", "미국이 금리를 내리면 우리도 곧 괜찮아질 거야."라는 섣부른 기대감이 다시 고개를 쳐들고 있다. 마치 다리 위에 사람들이 꽉 차 있는데도, 아직 괜찮다고 믿고 더 많은 사람들이 올라서는 것과 같다. 하지만 다리는 점점 한계에 가까워지고, 결국 누군가 한 발자국만 움직여도 다리는 무너진다. 지금 한국의 부채 구조가 그렇다. 2026~2027년 AI 버블 붕괴와 중국발 쇼크라는 외부 충격이 닥치면, 한국 사회를 감싸고 있던 '안일함'이라는 안개는 한순간에 걷히게 될 것이다.

2
한국의 생존 시나리오

﹏ 우리 앞에 놓인 두 개의 미래

2026~2027년은 한국 경제의 분기점이 될 수 있다. 복합 위기를 기져올 세 개의 폭풍이 동시에 불어올 때, 한국은 두 개의 길 중 하나를 선택해야 한다. 하나는 모든 방어선이 무너지는 '복합 충돌poly-crash'의 길이고, 다른 하나는 고통스럽지만 생존하는 '좁은 협곡chokepoint'의 길이다. 둘 중에서 어느 길로 가느냐는 외부 충격뿐만 아니라 내부 판단에 따라서도 갈릴 수 있다.

1 복합 충돌 – 금융 방어선 붕괴 시나리오

이 시나리오는 한국이 마주할 수 있는 최악의 미래이며, 다음이 세

가지 조건이 동시에 맞물릴 때 벌어진다. ① AI 버블이 급격히 꺼지며 수출이 급감한다. ② 중국발 부채위기와 유럽 경기둔화가 글로벌 수요를 끊어낸다. ③ 가계부채와 PF 부실이 금융 시스템에 직접 타격을 준다. 이 세 개의 폭풍이 한 지점에서 충돌하면, 결과는 '덧셈'이 아니라 '곱셈'이 된다. 이 시나리오 아래서는 정부도 운신의 폭이 좁아진다. 금리를 내릴 수도, 지출을 늘릴 수도 없는 정책 딜레마에 빠진다. 금리를 내리면 원화 가치가 추가 하락하고, 지출을 늘리면 국가신용도가 흔들리기 때문이다.

- GDP 성장률: −2% 이하로 추락

- 실업률: 6% 돌파

- 부동산 가격: 20% 이상 하락

- 주택담보대출 부실률: 2배 상승

- 원 달러 환율: 일시적으로 1700~1800원선 가능

- 기업 신용 스프레드: 위기 전 대비 3~4배 확대. 2008년처럼 신용경색이 퍼지면 중소기업 대출이 20~30% 줄어들고, 이는 실업 폭증으로 이어진다.

역사적 사례를 통해 이 시나리오의 실체를 확인할 수 있다. 1997년 IMF 위기 때는, 아시아 금융위기가 한국으로 번지며 GDP가 −6.7%로

추락했다. 대규모 구조조정 및 기업 파산이 이어지면서 1998년 연간 실업률은 6.8%까지 치솟았고, 특정 시점(1999년 2월)에는 8.7%까지 상승하기도 했다. 부동산 가격도 급격히 하락했다. IMF 자료에 따르면, 외환보유고 부족과 자본 유출이 원인이었는데, 이는 오늘날 AI 버블 붕괴로 인한 외국인 자금 이탈과 유사하다. 하지만 한국은 구조조정으로 극복하며, 수출 중심 경제로 재탄생했다.

더 가까운 역사적 사례로는 2008년 글로벌 금융위기가 있다. 2008년 4분기 성장률(전분기 대비)이 −5.1%를 기록했고, 2009년 한국 GDP는 0.2%까지 떨어졌다. 실업률은 위기 여파가 본격화된 2009년 상반기 3.9%, 2010년 1월에는 4.8%까지 올랐다. 주택 시장도 극심한 침체기에 빠졌다. 특히 서울 강남을 비롯한 주요 지역의 부동산 가격이 큰 폭으로 하락했다. 한국은행의 금리 인하와 정부의 유동성 공급으로 버텼지만, 초기 대응 지연이 피해를 키웠다. 이 사례들은 복합 충돌이 현실화되면 비슷한 충격이 올 수 있음을 보여준다.

2 좁은 협곡 − 고통스러운 구조조정 시나리오

이 시나리오는 AI 버블이 '완만한 붕괴'에 그치고 정부의 초기 대응이 성공하면서, 최악의 파국은 면한 미래다. 위기를 완전히 피하지는 못하지만, 정부와 중앙은행이 외환 방어선 사수와 유동성 공급 등 초기 대응에 성공하면 금융 시스템의 완전한 붕괴는 막아낼 수 있다. 조건은 다음과 같다. ① AI 버블은 '급락'이 아니라 '완만한 조정'에 그친다. ② 중국의 둔화는 지속되지만, 미국·인도·동남아 시장이 완충 역할을 한다. ③ 정부가 PF 부실을 조기 관리하고, 금융 완충장치를 가동한다.

그러나 이는 병의 근원을 치료하는 것이 아니라, 일단 출혈을 막는 응급처치에 가깝다. 결국 AI 수요가 서서히 줄고, '압축과 재조정' 국면으로 진입해 장기 저성장을 감내해야 하는 상황은 피할 수 없다. 금융 붕괴는 막았지만, 실물경제의 엔진은 일시적으로 꺼진다. 수출은 부진하고 내수는 얼어붙어 경제성장도 멈출 수 있다. 마치 깊은 상처를 입은 환자가 목숨은 건졌지만, 후유증으로 인해 다시는 예전처럼 뛸 수 없게 된 것과 같다. 이 시기에는 생존을 위한 고통스러운 구조조정이 사회 전반에서 진행된다. 부실 기업과 좀비 기업들은 시장에서 퇴출되고, 특정 산업 분야에서는 대규모 실업이 발생한다. 경제는 활력을 잃고, 성장이 멈춘 'L자형' 회복 국면을 거쳐야 한다.

이 시나리오도 비록 '복합 충돌'보다는 낫지만, 결코 희망적이지 않다. 성장이 멈춘 사회에서는 기회가 줄어들고, 세대 갈등과 사회적 불만은 극에 달하게 된다. 그래도 고통스럽지만, 시스템이 유지되기 때문에 다시 일어설 수 있는 기반을 남긴다.

- GDP 성장률: 0~1%대

- 원 달러 환율: 1500원대 붕괴

- 실업률: 4~5% 수준

- 산업 구조조정: 철강 · 조선 · 화학 등 전통 산업이 축소

- 금융 시스템: 부분 부실은 발생하지만, 전체 붕괴는 회피

두 시나리오의 차이는 외부 충격의 강도, 정부의 초기 대응 속도와 심리의 관리 능력에 달려 있다. 외부 충격의 강도가 낮아도, 심리적 공포를 방치하면 '복합 충돌'로 갈 수 있다. 경제는 결국 심리의 생태계다. 위기 때 가장 중요한 자산은 돈이 아니라 신뢰다. 외부 충격의 강도가 낮은 상황에서 신속한 신뢰 회복에 성공하면, '좁은 협곡'을 통과할 수 있다.

'복합 충돌'로 향하는 길을 막고, '좁은 협곡'을 최대한 빠르고 슬기롭게 통과하기 위한 구체적인 전략과 행동이 필요하다. 위기가 닥쳤을 때, 개인, 기업, 그리고 국가는 각자의 위치에서 무엇을 해야 하는가? 이제 우리는 이 질문에 대한 대답으로, '생존과 도약을 위한 한국형 대응 전략'을 하나씩 펼쳐 보일 것이다. 위기를 아는 것은 생존의 시작이며, 준비하는 것은 도약의 첫걸음이다.

생존과 도약을 위한 한국형 대응 전략

우리가 2026년의 복합 위기를 분석하고 미래를 예측한 것은 모두 '생존 지도'를 그리기 위한 사전 작업이다. 위기는 파괴의 얼굴을 하고 오지만, 그 속에는 언제나 새로운 질서를 창조할 기회의 씨앗이 숨겨져 있다. 마지막으로 개인, 기업, 그리고 국가가 각자의 위치에서 무엇을 해야 하는지, 그 생존과 도약을 위한 구체적인 행동 지침을 간단하게 살펴보자.

1 개인의 대응 전략

한 사람의 재정과 심리는 경제 전체의 축소판이다. 위기 때 가장 먼저 무너지는 것은 숫자가 아니라 심리이다. 복합 위기의 시대에 개인에게 필요한 것은 막연한 불안감이 아니라, 금융·소득·주거라는 세 가지 영역에서 자신을 지켜줄 구체적인 '생존 키트'를 미리 준비하는 것이다. 한국의 위기 대응력은 언제나 개인의 생존력 총합에서 시작되었다. IMF 외환위기, 금융위기, 팬데믹 모두 그렇다. 이번에도 개인의 질서 있는 대응이 전체를 지탱하는 기둥이 된다.

첫째, 과거의 성공 방정식이 담긴 낡은 지도를 버려야 한다. "원화 가치가 떨어지면(환율 상승) 수출 기업이 유리하니 주가가 오른다."라거나 "부동산은 언제나 우상향한다."와 같은 낡은 공식은 복합 위기 상황에서는 더 이상 통하지 않는다. '복합 충돌' 시나리오에서는 원화 약세와 주가 폭락이 동시에 나타나고, '좁은 협곡' 시나리오에서는 부동산 가격이 수년간 고통스런 침체에 빠질 수도 있다. 과거의 경험에만 의존하는 투자자는 가장 먼저 시장에서 퇴출될 것이다.

둘째, 금융 방패를 만들어야 한다. 복합 위기 가능성이 높아지는 구간에서는 지키는 것이 버는 것이다. 가장 중요한 재무 원칙을 '수익'이 아니라 '생존'에 초점을 맞추자. 투자를 계속하려면 방어 포트폴리오 구축을 생각해야 한다. 내 자산의 일정 부분은 어떤 폭풍에도 흔들리지 않는 바위 같은 자산으로 옮겨 두어야 한다. 예를 들어, 달러 현금 또는 달러 표시 채권을 포트폴리오에 포함시켜야 한다. 원화 자산이 폭락할 때 달러는 그 자체로 가장 강력한 보험이 된다. 그리고 임대료, 학자금 등 고정적인 비용을 계산해 급여의 최소 6개월 치를 비상금으로 확보하라. 비상금은 '투자금'이 아니라 '생명줄'이다. 절대 고위험 자산에 넣지 말고 현금성 자산으로 비축해야 한다. 금리·환율 변동성에 대비해 금, ETF 등으로 분산하고, 듀레이션^{duration}이 있는 우량채도 일부 포함하는 게 좋다. '듀레이션'이란 이자가 고정된 채권의 만기 같은 개념이다. 경제위기가 깊어져 중앙은행이 결국 금리를 내릴 수밖에 없는 상황이 오면, 미리 사둔 고금리 장기채권의 가격은 크게 오른다. 이는 주식시장의 불확실성을 대비하는 훌륭한 안전판이 된다.

공격적 성향의 투자자라면, 이 기회에 포트폴리오를 재편하는 것도 좋다. 위기는 모든 것을 파괴하지만, 어떤 분야는 오히려 위기를 먹고 성장한다. 예를 들어, 구조적 수혜 섹터에 관심을 가져보는 것도 좋다. AI 버블이 꺼져도 '진짜 AI'를 구현하기 위한 안정적인 전력망, 데이터 센터, 네트워크 장비에 대한 수요는 계속 늘어날 것이다. 또한, 기업들이 허리띠를 졸라맬수록 비용을 줄여주는 '효율화 소프트웨어SaaS' 기업들은 각광받을 수 있다. 고배당 및 현금 창출 기업도 좋다. 시장이 불안할수록, 매년 꾸준히 현금을 벌어 주주에게 배당을 지급하는 기업들의 가치가 재평가된다. 화려한 성장주가 아닌, 밭을 가는 소처럼 묵묵히 일하는 기업에서 기회를 찾아야 한다.

셋째, 복합 위기 가능성이 높아지는 시점에는 부채 구조조정은 필수다. 우선 고금리 부채부터 상환하고, 변동금리 대출은 가능한 한 고정금리로 전환하라. 대출 이자보다 수익률이 낮은 투자는 잠시 멈추는 것이 현명하다. 감당할 수 없는 빚은 자산의 일부를 매각해서라도 줄여야 한다. 위기 시의 빚은 발목에 매달린 족쇄와 같다. 고정비 경량화도 필수다. '절약'이 아니라 '구조조정'이다. 자동차, 주택, 구독 서비스 등 반복 비용을 점검하라. '소비 절약'이 아니라 '지출 구조 재설계'를 목표로 하라. '정기적으로 돈 새는 구멍'을 닫는 것이 첫걸음이다.

넷째, 주거 방패도 점검해야 한다. 특히 한국의 경우에는 '영끌'해서 집을 산 사람들에게 가장 고통스러운 시간이 다가오고 있다. 이제부터는 집을 자산이 아닌 현금 흐름으로 보아야 한다. 이를 위해서는 '집-현금 흐름-금리' 3중 검증 시스템을 추천한다. 지금 살고 있는 집이 '자산'인지 '부채'인지를 다시 계산해 보라. 집값 상승 기대감은 빼고, 순수하게 매달 나가는 대출 이자와 나의 현금 흐름(소득)을 비교해야 한다. 만약 금리가 지금보다 2~3% 더 올라도 감당할 수 없다면, 혹은 신용경색이 발생할 때 금융비용(부동산 원금과 이자 상환 비용)을 감당할 수 있는 현금 흐름(소득)이 아니라면, 그 집은 더 이상 안전한 자산이 아니다. 과감하게 집의 규모를 줄이거나 처분하는 고통스러운 결단이 필요할 수 있다.

다섯째, 소득 방패도 점검해야 한다. 위기는 곧 구조조정을 의미한다. 내가 속한 산업과 회사가 안전할 것이라는 안일한 생각은 버려야한다. 위기 시의 가장 큰 자산은 현금이 아니라 능력이다. 새로운 기술을 익히는 사람은 위기에서도 길을 만든다. 리스킬링reskilling · 업스킬링upskilling이 그 어느 때보다 필요한 시기다. 다음과 같은 질문을 냉정하게 스스로에게 던져보라. "지금 내가 가진 기술이 5년 뒤에도 유효할까?" AI 시대에 대체될 가능성이 높은 반복적인 업무가 아니라, AI를 활용해 더 높은 부가가치를 창출할 수 있는 '전환 직무' 지도를 그려보고 지금부터 준비해야 한다. 데이터 분석, 디지털 마케팅, AI 활용 능력 등은 미래의 생존 기술이다. 심리 방어 체계도 다듬어라. 경제위기 때 가장 큰 피해자는 마음이 무너진 사람이다. 루틴(생활 패턴)을 유지하고, '정보 과잉'보다 '정보 절식'을 선택하고, 공포 대신 데이터를, 불안 대신 준비를 붙잡아라.

2 기업의 대응 전략

기업의 리더는 위기 때 두 가지를 동시에 해야 한다. 하나는 방어, 다른 하나는 도약이다. 2008년 금융위기 당시, 위기를 예견하고 미리 대비했던 기업들은 쓰러진 경쟁자들의 자산을 헐값에 인수하며 오히려 시장 지배력을 키웠다. 기업은 위기 때 진짜 체력이 드러난다. 위기는 약한 기업을 솎아내는 잔인한 과정이지만, 동시에 도약의 문을 여는 시험대이기도 하다. 이번 복합 위기에도 CEO의 책상 서랍에는 다음과 같은 '방어+전환+도약'의 세 가지 생존 키트가 준비되어 있어야 한다.

첫째, 재무적 방어선 구축이다. 전쟁터에 나가는 장수는 가장 먼저 군량미를 챙긴다. 기업에게 군량미는 '현금'이다. 최소 12개월 이상 외부 자금 조달 없이도 생존할 수 있는 현금(유동성 커버리지)을 확보해야 한다. 특히 원화 가치 폭락에 대비해 매출의 일정 부분을 달러 자산으로 보유하는 전략이 필요하다. 지금부터는 매출보다 현금이 중요하다. 매출이 일어나지만 남는 돈이 없다면 이미 경고 신호다. 매출이 줄어도 현금이 남는 구조를 만들어야 한다. 불필요한 자산 매각, 재고 축소, 결제조건 재조정으로 유동성을 확보하라. 1997년 외환위기, 2002년 닷컴 버블 붕괴, 2008년 금융위기 때 살아남은 기업의 공통점은 튼튼한 재무 구조였다.

둘째, 운영 효율성과 전략적 베팅 계획을 준비하고 다듬어야 한다. 위기 시에는 무분별한 투자를 멈추고, 될성부른 나무에만 물을 주는 지혜가 필요하다. 예를 들어, 설비 투자CAPEX 재설계를 해야 한다. 거대한 공장을 짓는 대신, 최소 비용으로 시장 반응을 테스트하는 '파일럿pilot' 프로젝트를 먼저 실행하고, 투자 대비 수익ROI이 검증된 분야에만 자원을 집중해야 한다. 공급망 재편도 심각하게 고민해야 한다. 더 이상 'Made in China'에만 의존할 수 없다. 중국을 대체할 수 있는 베트남, 인도, 멕시코 등 새로운 생산 기지를 확보하는 '차이나 플러스 원' 전략을 넘어, 한국Korea을 중심으로 여러 국가Nations에 공급망을 분산시키는 'K+N' 전략으로 전환해야 한다. 특히, 이번 위기의 시기가 인도, 중동, 폴란드 등 신흥 거점으로 네트워크를 확장할 절호의 기회다.

셋째, 도약을 위한 사업 포트폴리오 재설계도 고민해 보아야 한다. 위기는 낡은 사업을 정리하고 새로운 미래를 설계할 최적의 시기다. 위기 상황에서는 기술력은 있지만 자금난을 겪는 우량 스타트업이나 경쟁사들이 시장에 헐값으로 쏟아져 나온다. 이는 미래 성장 동력을 확보할 절호의 M&A 기회다. 위기라고 해서 기술 개발부터 줄이지 말라. 위기 시에 R&D를 줄이는 기업은 회복기에 도태된다. 불황기에는 기술력 격차가 벌어지는 속도가 빨라지기 때문이다. 2008년 금융위기 때 R&D를 줄이지 않은 기업들이 2010년 이후 글로벌 시장을 주도했다. 그리고 AI 버블 붕괴와 AI 시대로의 대전환은 별개의 문제다. AI 주식을 사는 것은 조심해야 하지만, AI 기술 전환의 속도는 늦추지 마라.

넷째, 위기의 시대에서 리더십의 투명성이 그 어느 때보다 중요하다. 위기 때 리더의 침묵은 공포보다 위험하다. 솔직한 정보 공유와 공동 생존의 메시지가 조직을 살린다. 숨기지 말고 상황을 공유하라. "함께 버티자!"라는 메시지는 비용 없는 재정 정책이다. AI 시대는 한 사람에게 여러 기능을 맡길 수 있는 '멀티플레이형' 인재 구조가 필요하다. 이번 위기에 고용을 줄이는 대신, 미래를 대비하는 역할 재조정으로 버텨야 한다. 그리고 급여는 동결하더라도 교육비는 줄이지 말자.

3 국가의 대응 전략

복합 위기 상황에서 정부의 정책에는 세 가지가 필요하다. 빠르고, 유연하며, 정확하게 대응하는 것이다. 국가의 역할은 위기의 파도를 막는 방파제이자, 길을 잃은 배들을 위한 등대다.

'빠르게'가 필요한 정책은 '금융 방어선 사수'이다. 위기의 첫 충격은 언제나 금융시장, 외환시장을 덮친다. 1997년 외환위기처럼 외환 보유고가 바닥나 국가 부도를 맞는 최악의 상황을 막는 것이 최우선 과제다. 외화 유동성 비상 라인(스왑 라인)을 미국·일본·중국·EU 등과 확대해야 한다. 최악의 외환 스트레스 상황을 가정한 테스트를 통해 비상 대응 계획을 미리 설계해 두어야 한다. 한국은 이번 복합 위기 국면에서 외환 관리, PF 리스크, 가계부채 조정이 최고의 관건이다. 금융기관의 유동성 버퍼 의무 비율을 강화하되, 중소기업 대출은 별도 트랙으로 분리해야 한다. 이런 영역의 금융 방어선 점검과 사수는 '속도'가 생명이다. 위기에서 늦은 올바름보다 빠른 불완전함이 낫다. 위기의 조짐이 보이면, 빠른 대응으로 환율을 안정화하라. 2022년 환율 급등 때처럼 초기 개입이 효과적이다. 한국은행·기재부·금융위의 '3각 협의체'를 상시 가동해 위기 징후를 실시간 공유해야 한다. 공유는 속도를 만든다. IMF 보고서에 따르면, 빠른 정책이 성장률을 0.5%p 올린다.

 '유연하게'가 필요한 정책은 '충격 흡수와 질서 있는 퇴출'에 대한 것이다. 모든 부실 기업을 살리려 해서는 안 된다. 이는 밑 빠진 독에 물 붓기다. 복합 위기가 발생하면, 강단 있지만 유연한 규제로 구조조정을 촉진해야 한다. 정부의 재정은 실직자들을 위한 사회 안전망, 위기를 기회로 바꿀 수 있는 기업의 사업 전환 투자, 그리고 회생 불가능한 기업이 시장에 충격을 덜 주며 퇴출되도록 '질서 있는 실패'를 유도하는 데 핀포인트처럼 사용되어야 한다. 일본의 잃어버린 10년 사례처럼 경직된 규제는 저성장을 키운다. 유연성 상실은 건강한 기업 도산까지 불러온다. 반면에 규제가 없으면, 방만과 도덕적 해이가 시장을 판친다. 유연한 규제가 회복을 가속한다.

'정확하게'가 필요한 정책은 '미래를 위한 재설계'이다. 위기 극복 과정은 곧 국가 경제의 체질을 바꾸는 과정이어야 한다. 중국과 미국에 편중된 수출 시장을 다변화하고, AI 시대를 대비한 전력망 업그레이드를 통해 장기적 에너지 안보를 확보하며, 미래 산업의 발목을 잡는 낡은 규제를 과감히 혁신해야 한다. 단, 규제를 완화하면서 리스크 관리를 소홀히 하지 말아야 한다. 산업별 맞춤 지원으로 변화에 적응하는 정책이 되어야 한다. 중장기적으로 반도체·배터리 집중을 완화하고, 시스템 반도체·로봇·바이오·신에너지·양자 등으로의 확장을 늦추면 안 된다. '기술 국산화'가 아니라 '기술 글로벌화' 전략도 필요하다. AI 시대에 맞는 새로운 산업정책과 교육정책을 연계해 노동·기술 구조를 개혁하는 일도 늦추면 안된다. 특히 전국민 AI·디지털 분야 재교육을 시급히 단행해야 한다. 정확한 정책이 필요한 곳은 또 있다. 취약층이다. 이번 위기에서는 자영업자 우선 지원이 핵심이다. 장기적으로는 인구·사회 구조의 리셋을 시작하는 것도 필수다. 한국은 일본보다 빠르게 초고령화를 달리는 국가다. 출산율, 고령화, 복지 재정의 균형 재설계에 속도를 내야 한다. 여성, 고령층, 외국인 노동력을 동시에 포용하는 유연한 노동시장 모델도 시급하게 만들어야 한다. 기술 교육과 이민 정책을 산업 정책과 결합해 '생산가능인구 재구성' 전략을 추진해야 한다.

마지막으로, 정책의 다섯 가지 금기도 제안해 본다. 그것은 바로 도덕적 해이 유발, 결정 지연, 과잉 보증, 깜깜이 행정, 정치화이다. 복합 위기의 시대를 돌파하는 과정에서 국가가 절대로 해서는 안 될 다섯 가지다.

• 도덕적 해이 유발

부실이 명백한 '좀비 기업'에 산소호흡기를 달아주는 행위를 절대로 하면 안 된다. 이런 도덕적 해이는 위기를 '일시적 현상'으로 오판할 때 일어난다.

• 결정 지연

초기 대응 지연은 위기를 증폭시킨다. 1997년 IMF 때 늦은 개입이 피해를 늘렸다.

• 과잉 보증

무책임한 선심성 정책을 구사하면 안된다. 부동산 부양책, 세금 감면, 인위적 유동성 공급 같은 정책은 일시적 진통제일 뿐이다. 위기 극복을 위해 금융 완화를 하더라도, 강도 높은 구조조정과 병행해야 한다.

- 깜깜이 행정

정확한 데이터 없이 감과 이념에 의존한 주먹구구식 정책은 절대 안 된다. 시장은 불확실성보다 '불투명성'을 더 두려워한다.

- 정치화

경제 수술실에 칼 대신 정치적 마이크를 들고 들어가는 행위는 복합적 위기보다 더 위험한 망국적 행위이다. 쉽게 말해, 정치적 인기에 따라 정책 타이밍을 왜곡하지 말아야 한다.

이 다섯 가지 금기를 지키는 것만으로도, 위기가 재앙으로 번지는 것을 막을 수 있다. 폭풍은 지나갈 것이다. 중요한 것은 폭풍이 지나간 뒤, 우리가 어떤 모습으로 서있느냐이다. 이 생존 지도가 그 고통스러운 항해의 나침반이 되기를 바란다.

희망의 경로
생존은 준비에서, 도약은 통찰에서 나온다

이 책을 덮는 순간, 누군가는 거대한 절망감과 무력감을 느낄지도 모른다. 그러나 이 책의 진정한 목적은 위기의 지도를 펼쳐 보이는 데서 그치지 않는다. 미래학자의 시선으로 한국의 미래를 그릴 때, 가장 중요한 질문은 '어디서 무너졌는가'가 아니라 '어디서 다시 시작할 것인가'이다. 우리는 2026년에 일어날 AI 버블이라는 거대한 착각, 유럽과 중국에서 밀려오는 부채의 쓰나미, 그리고 우리 마음속 안일함이 만들어낸 세 개의 폭풍이 어떻게 하나의 '복합 위기'로 증폭되는지, 그리고 그 모든 흐름이 한반도로 향했을 때 어떤 결과를 가져올지, 논리적으로 때로는 확률적으로 미리 생각해 보았다.

2026년의 복합 위기는 '부채와 버블 성장의 시대'에 대한 수술이지만, 동시에 우리가 미처 그리지 못했던 새로운 시대의 설계도를 펼칠 수 있는 거대한 기회의 시간이다. 복합 위기 이후의 세계는 더 이상 덩

치와 자원의 경쟁이 아닐 것이다. '속도와 적응력'의 경쟁이 될 것이다. 변화의 파도에 얼마나 빨리 몸을 던지고, 유연하게 방향을 틀어 새로운 해안에 닿을 수 있느냐가 개인과 기업, 그리고 국가의 생존을 결정한다.

첫째, 기술의 속도다. AI 버블은 꺼지더라도, 인류의 삶을 근본적으로 바꾸는 AI와 데이터 경제의 흐름은 결코 멈추지 않는다. 위기 속에서 낡은 산업들이 구조조정의 칼날 위에 서는 동안, 이 새로운 기술의 파도는 오히려 더 거세게 밀려올 것이다.

둘째, 인구의 속도다. 한국은 저출산·고령화라는 거대한 인구 절벽 앞에서 위축되고 있다. 그러나 관점을 바꾸면, 고령화가 빠른 나라일수록 노동력 부족을 해결하기 위한 자동화와 디지털 전환의 속도를 더욱 높여야만 하는 절박한 동기를 갖게 된다. 이런 의미에서 AI는 투자적 버블 시기는 고통스럽지만, AI 시대로의 대전환은 한국에게는 기회다. 단, 그 기회를 우리 것으로 만들기 위해서는 2026년의 복합 위기를 우리에게 더 빠른 혁신을 강요하는 채찍이라고 받아들여야 한다.

셋째, 정책의 속도다. 불확실성이 극대화된 시대에는 100번의 토론으로 만든 완벽한 계획보다, 10번의 빠른 실험과 1번의 성공이 국가의 생존력을 결정한다. 과거의 성공 방정식에 얽매여 결정을 지연하는 국가는 침몰하고, 실패를 두려워하지 않고 빠르게 시도하는 국가는 살아남을 것이다.

2026년 복합 위기가 몰아친다 하더라도, 필자가 긍정적 희망을 품는 이유가 있다. 한국이 가진 가장 강력한 DNA 중 하나가 '속도'이기 때문이다. 돌이켜보라. 우리는 1997년 외환위기라는 국가 부도의 사태를 맞았지만, 불과 3년 만에 IT 강국으로 화려하게 재도약했다. 강력하지만 유연한 구조조정으로 수출 중심 경제를 세워 세계 10위권으로 올랐다. 2008년 글로벌 금융위기 때도 2년 만에 회복하여 반도체와 자동차 산업을 강화하면서, 세계가 경이로운 시선으로 바라볼 만큼 가장 빠른 회복 속도를 보여주었다. 위기 때마다 우리는 놀랍도록 빠르고, 유연하며, 정확하게 대응하는 저력을 증명해 왔다. 2026년 복합 위기가 발생한다면, 우리 안에 잠들어 있던 성공의 DNA가 다시 깨어나는 계기가 되었으면 한다.

필자가 즐겨 하는 말이 있다. "생존은 준비에서, 도약은 통찰에서 나온다." 필자는 이 책이 다가오는 위기 가능성을 미리 생각해 보는 것을 넘어, 위기라는 폭풍의 힘을 이용해 더 멀리 나아가는 능동적인 도약을 준비하는데 도움이 되었으면 한다. 위기의 반대말은 평화가 아니라 준비이다. 경제학자 조지프 슘페터Joseph Schumpeter의 '창조적 파괴' 이론처럼, 위기는 낡은 구조를 깨고 새로움을 낳는다. 그래서 위기 시에 현명한 리더는 새로움을 준비한다. 역사는 언제나 준비된 자의 편이었다. 폭풍이 지나간 뒤, 한국이 기나긴 어둠 속에 남겨진 나라가 될 것인가, 아니면 그 누구보다 먼저 새벽을 맞이하는 나라가 될 것인가는 바로 지금 이 순간, 우리의 선택과 준비에 달려있다.

이제 필요한 것은 위기를 두려워하는 마음이 아니라, 위기와 함께 항해할 수 있는 지혜다. 이 책이 그 지혜를 나누는 작은 불씨가 되기를 소망한다. 위기는 끝이 아니라 설계도를 다시 그릴 기회이다. 한국의 미래는, 우리가 이 위기의 본질을 얼마나 빨리 공유하고, 함께 새로운 시대의 설계도를 그려 나가느냐에 따라 완전히 다른 모습으로 펼쳐질 것이다. 2026년은 '운명'이 아니라 '선택'의 해이다. 2026년의 한국은 복합 위기의 종착지가 될 수도, 새로운 출발점이 될 수도 있다. 운명은 정해져 있지 않다. '안심'을 선택한다면, 복합 충돌로 떨어질 것이다. '준비'를 선택한다면, 좁은 협곡을 통과해 새로운 지평에 이를 것이다. 우리는 이 책에서 예측한 세 폭풍의 방향을 바꿀 수 없다. 그러나 세 폭풍이 만나는 지점에서 길을 새로 낼 수는 있다. 모두가 함께 준비한다면, 한국은 복합 위기의 종착지가 아니라 새로운 시대의 출발선이 될 수 있다.

///// 참고문헌

서론: 2026년, 폭풍 전야 - 이제 포지션을 바꿀 시간이다

1 https://www.imf.org/en/Publications/WEO/Issues/2025/10/14/world-economic-outlook-october-2025

2 BBC, Jennifer Clarke, 2025.09.17, "What tariffs has Trump announced and why?" https://www.bbc.com/news/articles/cn93e12rypgo

---

1 Part 첫 번째 폭풍 AI 버블, 그 거대한 착각의 종말

3 한경, 2025.08.20 신민경, "샘 알트먼 'AI 버블' 경고에…나스닥 1.46% 하락"

4 https://mlq.ai/media/quarterly_decks/v0.1_State_of_AI_in_Business_2025_Report.pdf#:~:text=Takeaway:%20The%20GenAI%20Divide%20is%20starkest%20in,on%20the%20wrong%20side%20of%20the%20divide

5 서울경제, 2025.09.25. 윤경환, "美증시, 파월 '주가 거품론'에 이틀째 하락…엔비디아 '돌려막기' 의심도 확산"

6 Forbes, Aug 21, 2025. ByPaulo Carvão, "Is The AI Bubble Bursting? Lessons From The Dot-Com Era"

7 Reuters, July 22, 2025. Jamie McGeever, "Is today's AI boom bigger than the dotcom bubble?"

8 Reuters, July 22, 2025. Jamie McGeever, "Is today's AI boom bigger than the dotcom bubble?"

9 Gartner, 2025.06.25. "Gartner Predicts Over 40% of Agentic AI Projects Will Be Canceled by End of 2027"

---

2 Part 두 번째 폭풍 유럽과 중국, 부채 쓰나미가 몰려온다

10 https://english.ckgsb.edu.cn/knowledge/professor_analysis/series-chinas-real-estate-problem-1-the-three-red-lines/

11 https://www.bloomberg.com/news/articles/2025-08-13/china-property-crisis-what-s-happening-to-evergrande-why-market-is-a-mess

12 Reuters, 2023.09.05. Xie Yu, "China's Country Garden dodges another default in relief for property sector"

13 https://www.bloomberg.com/news/articles/2025-09-15/china-s-economy-posts-another-sharp-slowdown-as-investment-reels

14 https://carnegieendowment.org/posts/2025/08/using-chinas-central-government-balance-sheet-to-clean-up-local-government-debt-is-a-bad-idea?lang=en

15 https://www.businessinsider.com/china-economy-real-estate-property-crisis-get-worse-goldman-sachs-2025-6

16 https://www.rand.org/pubs/commentary/2025/02/focus-on-the-new-economy-not-the-old-why-chinas-economic.html

17 https://xpert.digital/en/ticking-time-bombs-in-asia/

18 https://www.omfif.org/2025/03/china-has-just-raised-its-debt-ceiling/

19 https://tradingeconomics.com/china/fixed-asset-investment

20 https://www.bloomberg.com/news/articles/2025-09-15/china-s-economy-posts-another-sharp-slowdown-as-investment-reels

21 https://www.pwccn.com/en/research-and-insights/china-economic-quarterly-q1-q2-2025.pdf

22 https://thedocs.worldbank.org/en/doc/c50bc3c87bc2666b9e5fa6699b0b2849-0050012025/related/GEP-Jan-2025-Analysis-EAP.pdf

23 https://www.imf.org/en/Publications/WP/Issues/2024/11/15/Chinas-Path-to-Sustainable-and-Balanced-Growth-557369

24 https://carnegieendowment.org/posts/2025/05/how-to-predict-chinas-economic-performance-for-2025?lang=en

25 https://www.rand.org/pubs/commentary/2025/02/focus-on-the-new-economy-not-the-old-why-chinas-economic.html

26 https://www.piie.com/research/piie-charts/2024/chinas-population-decline-getting-close-irreversible

27 https://www.straitstimes.com/asia/east-asia/chinas-population-falls-for-a-third-consecutive-year

28 https://www.china-briefing.com/news/chinas-fdi-trends-2024-key-sources-destinations-and-sectors/

29 https://www.rieti.go.jp/en/china/24031301.html

3 Part 세 번째 폭풍 과도한 안일함 뒤에 감춰진 경기침체의 그림자

30 https://www.levyinstitute.org/publications/the-financial-instability-hypothesis/

31 https://www.socialscience.international/hyman-minsky-financial-instability-hypothesis

32 https://discoveryalert.com.au/news/zombie-companies-2025-dangerous-economy-collapse/

33 https://www.linkedin.com/posts/colly_is-large-venture-capital-a-quasi-ponzi-scheme-activity-7374002554671644672-H2bb

34 https://www.robeco.com/en-us/insights/2024/09/bursting-or-buzzing-bubbles

35 https://www.nber.org/research/data/us-business-cycle-expansions-and-contractions?utm_source=chatgpt.com

36 https://www.princeton.edu/~markus/research/papers/bubbles_crashes.pdf

4 Part 복합 위기의 최종 종착지, 한국

37 https://www.imf.org/en/Publications/WEO/Issues/2025/07/29/world-economic-outlook-update-july 2025

38 전자신문, 2025.09.29. 배옥진, "5개 중 1개는 '좀비 기업'…꺼져가는 성장불씨"